死ぬまで穏やかに過ごす こころの習慣

荒 了寛著
Ryokan Ara

Forest
2545
Shinsyo

まえがき

この本は、「心の習慣」を正して、穏やかな気持ちで生きる方法を解説した本です。

人は誰しも、多かれ少なかれ苦しみや悩みをかかえて生きています。仏教でいう煩悩です。また、苦しみや悩みの原因は人それぞれで、仕事、お金、人間関係、そして病気や老いであったりします。

苦しみや悩みは、悲しみや怒り、ねたみやうらみ、不安などのさまざまなつらい感情をもたらし、「心に悪い習慣」を植えつけてしまいます。

そして、なかなか苦しみや悩みが解消できなければ、まるで生活習慣病のように〝心の病《やまい》〟となって慢性化しかねません。

では、苦しみや悩みをなくすにはどうすればよいのでしょう。

それは、「心によい習慣」をつけることです。

ほんのすこし物ごとの見方や考え方を変えるだけで、心は不思議なくらい前向きになり、明日への希望がわいてくるものです。

お釈迦さまは「煩悩を断て」と説いておられるものの、煩悩は容易になくなるものではありませんし、煩悩があるゆえに人は生きているともいえます。

つまり、生きている限り苦しみや悩みはなくならず、煩悩を消すことはできませんが、それを軽くすることは可能です。

苦しんだり悩んだりしているのは自分だけではないと、まず考えることがたいせつです。

そして、つねに謙虚で素直であれば、どんなにつらい感情でも上手にコントロールできるようになるのです。

本書は、「心によい習慣」をつけるにはどうしたらよいかを念頭に、お釈迦さまの教えをまじえながら書き進めました。

この本が、読者の方々の心にすこしでも安らぎをもたらし、「心によい習慣」をもたらすために役立つことができればと願っています。

合掌

荒　了寛

死ぬまで穏やかに過ごすこころの習慣　目次

第2章　心の重荷を軽くする

第3章 相手を思いやれば幸せがやってくる

第4章

たいせつにしたいさまざまなこと

第5章

百年先の未来も変わらぬもの

装丁　重原隆
本文デザイン　二神さやか
DTP　キャップス
校正　広瀬泉
執筆協力　草野伸生

序にかえて

仏さまに仕えて八〇年

私は一〇歳になって間もなく、近くの寺に小僧にやられ、その寺の和尚さんから最初に教えられたお経は『舎利礼文』という短いお経でした。

「一心頂礼　万徳円満　釈迦如来……」という出だしですが、私は「一銭ちょうだい、まんじゅう買って、しゃかにょらい……」と、子供なりにくふうして覚えた記憶があります。

暗誦《あんしょう》できるようになると、お墓参りにきた檀家の人たちと墓地に行って、この短いお経を三回くり返してとなえたものです。終わると「かわいいお坊さんだね」といわれ、よく五銭、十銭とお布施をいただきました。そのお金でほんとうにまんじゅうを買って、和尚さんにかくれて食べたうれしさが、いまでもなつかしく思い出されます。

お経が読めるようになった小僧にとって、うれしくもあり、つらくもあったのが旧正月です。和尚と一緒に一軒一軒檀家回りをするのですが、たいてい和尚は世話人の家に上がり込んでお酒をごちそうになるので、実際の檀家回りは小僧の役目でした。

私が檀家回りを終え、和尚が上がり込んでいる家にもどるころには、いつも和尚はすっかりでき上がっていて、酔った和尚の手を引きながらお寺に帰らなくてはなりませんでした。

あのころ、旧正月あたりには決まって大雪が降ったものです。世話人の奥さんが用意してくれた提灯《ちょうちん》を下げて、よろよろと雪道をはうように歩く和尚を支えながら一里も二里も歩いて帰る途中、支えきれなくなって二人で転ぶこともありました。

転びそうになると、和尚は私の肩にもたれるようにして、「おっととと、とうじんだんだんねーか」と観音経《かんのんぎょう》の一句を唄《うた》うように幾度もとなえていました。それは機嫌のいい証拠で、こうした小僧時代を思い出すたびに、酒くさい息を吐きながら和尚がとなえていたこのお経が聞こえてきます。

一九歳のときに仙台の仙岳院に移り、やがて私の師父にあたる仙岳院の荒眞了大僧正が、上野の寛永寺の住職として招かれるのにともなって上京。その後仙台にもどり、いくつかの寺の住職を務めながら教職にもついていましたが、もう一度天台学を学び直したいという思いにかられ、再度上京して大正大学の大学院に入りました。

その折り、仙台の女子高に奉職していた家内も東京の女子高に職場を移し、学業のかたわら商社勤めをしていた私を支えてくれました。

そして、四五歳のときに天台宗の「海外開教使」としてハワイに渡ってから四五年近くもの歳月が流れました。

この間をふり返ってみれば苦労の連続で、とくに最初の一〇年間は、寺を維持するための努力がいっこうにむくわれない状況におちいり、子供の給食費さえ払えない貧しさに幾度もくじけそうになりました。

ハワイで布教に乗り出したものの、天台宗はもっともおくれていましたから、まず、浄土真宗を中心とした宗派の厚い壁にぶつかりました。天台宗の檀家はたったの一軒。日本と同じような檀家制度は望むべくもありませんでした。

しかし、開教使の役目を理解し、よくつくしてくれている家内を前にして弱音を吐くことをよしとせず、何とか頑張っているうちに、友人・知人の協力を得て、すこしずつ光明がみえはじめました。

檀家のない寺をどのように維持するかを問われた私は、皆さんの協力を得ながら苦労して建てることができたこの天台宗ハワイ別院を、日本文化をハワイに伝えるための文化センターにしようと思いいたったわけです。

そしてその上で、従来の檀家制度ではなく、信者の組織をつくっていくことを目標に、書道、生け花、日本画、茶道など、日本文化紹介のための「天台文化教室」を別院内に開き、おかげさまで多くの方に参加していただけるようになりました。どの宗派の方であろうと、日本文化に関心を寄せる人は多く、この教室は外国の人たちにも注目されるようになり、人の輪は次第に広がっていきました。

ハワイのテレビに八年間毎日出演して『一分間法話』を続けたことも、天台宗ハワイ別院の存在を多くの人に知ってもらうことにつながったと思います。

また、「花まつり」を主催してアラモアナセンターで行ったり、休眠しかけていた日本語学校を天台宗ハワイ学院として再生することもできましたし、ハワイの各国仏教会やキリスト教徒の参加も得て、「灯籠《とうろう》流し」が恒例行事となったことも当別院の大きな成果といえます。

このようにして皆さんの大きな力を得ながら、人が集まる場をつくることはできましたが、私はいまだに、それがすべてではないものの、講演会や展覧会のために日本とハワイをしょっちゅう行き来し、別院運営のための浄財をつくるために奔走しています。

正直、この老境に入り「いつまで続くぬかるみぞ」と思うことはありますが、このように不自由なく体が動かせる幸せは、丈夫に生んでくれた両親のおかげであり、お釈迦さまのお導きあってのことと感謝せずにはいられません。

第1章

人生に迷ったときには

こころの
習慣

1

迷ったときには人の力を借りる

人生に迷いはつきないが、
迷うなかでつかんだものは
必ずや自分を一回りも二回りも大きくしてくれる。

人生は迷いの連続です。

まじめに一生懸命努力しているのに、なかなかよい成果が得られないと、ますます悩み、迷いに迷って、つらい状況から抜けきれなくなってしまい、放っておけば心の病《やまい》となって生活習慣病のように慢性化しかねません。

そうした場合、よく見受けられるのが、何もかも自分ひとりで背負い込み、自分の置かれている状況を冷静にみつめられなくなってしまうケースです。うすうす事態がよくならないことがわかっていながら、問題を先送りにしていることも多いようです。

こうした場合、自分で自分のことがわからなくなって迷っているのですから、親身になってくれる人に相談するのがいちばんです。

私の場合、人生の最大の岐路にさしかかったとき、その迷いを絶ってくれたのは、ほかならぬ家内でした。

月日がたつのは早いもので、戦後はじめての天台宗の「海外開教使」として、私がハワイに渡ってから、そろそろ四五年近くになろうとしています。

この年月をふり返ってみれば、他の宗派に百年もおくれて、いちばん保守的な天台宗を背負い、そんな器でもないのに、ハワイで開教使を務めるというのですから、とにかく苦労の連続だったというのが実感です。

ハワイ移民の多くは、浄土真宗や曹洞宗などの信徒で、天台宗の檀家はたったの一軒。檀家なし、寺なし、資金なしという状況からの開教など、もともと無謀なことだったのかもしれません。

どの宗派も檀家あってのこと。その数が多ければ多いほど、寺の運営は安定し、檀家の皆さんが、さまざまな行事を手伝ってくれますし、それだけ住職の負担も軽くなるものです。

ハワイに渡りたてのころ、「ハワイの天台宗は日本の天台宗から援助があるので、住職はぬくぬくとしていられる」と、心ないことばに悩まされたこともありました。

しかし、日本の天台宗からの生活費や維持費は五年で打ち切られてしまい、とうていぬくぬくとしていられる状態などではなかったのです。

土地を買うための借入金は一〇年間の分割払いで、日本の天台宗が最後まで面倒をみてくれましたが、月々の寺の維持費はそれをはるかに上回り、日本からの援助がなくなってからは、少ない信徒から寄付をもらうには限界があり、さりとて、ほかに収入のメドもなく、月々の借金はかさむばかりでした。

家内はすこしでも生活の足しになればと、ハワイの花を押し花にしてカードをつくったり、縁戚《えんせき》の深大寺《じんだいじ》からそば粉を送ってもらい、それを慣れない手つきで参拝客に供したりしていました。

けれども、しょせん焼け石に水。ハワイに渡ってから八年をすぎたころには、強気の私もさすがに途方にくれ、子供の給食費も払えない貧しさに、家内も疲れ果ててしまいました。

家内は比叡山《ひえいざん》の行院に入り、所定の行をおさめて尼僧の資格をとっていましたから、開教使の役目もそのきびしさも、ある程度わかっていたでしょうが、覚悟していた以上の貧しさにくわえ、宗門内外からの批判と心ない中傷は耐えがたく、そうとうこたえていたようです。

そんなある日、「お父さん、どこでもいいから旅に出ましょう」と家内が改まっていうのです。時間も金もないのにと一瞬ためらいましたが、どうしても一度、この寺から離れてみたいというので、「では、ハワイ島にでも行ってみるか」ということになり、ハワイにきてはじめて二人で旅に出ることにしました。

ハワイ島での二日目、コナのホテルで海一面を輝かせて落ちていく夕陽をみつめて、家内はこういうのです。「日本に帰りましょう。もう私たちの力ではどうにもなりません。私は疲れ果てました」

このひと言をいいたくて、家内は私を旅に誘ったのです。家内のこのことばには、いい知れぬさびしさを感じ、そのやつれようをみて、ただただ、すまなかったと思うしかありませんでした。

しかし、天台宗本山から開教使としての境遇を与えられ、その責任をみずから放棄するわけにはいきません。懸命につくしてくれている家内に感謝しつつも、「私も男、宗門への面子《メンツ》もある」と、かたくなに思う自分がそこにいました。「もう一年、がんばってみないか。それで見込みがなかったら日本に帰ってやり直そう」と、何とか家内をなだめ、もうあとがないという気持ちでホノルルにもどったのです。

その後、もともとゼロからの出発だったのだから、これ以上失うものは何もないと開きなおり、檀家なし、寺なし、資金なしという状況を変えるには、人の縁をつくっていくしかないという気持ちがわいてきて、事態はすこしずつではあるものの、改善していったのです。

人は誰でも置かれた境遇が苦しくなれば、迷いに迷ってもがきます。自分が迷う姿もみえなくなってしまいます。でも、ほんのわずかでも自分をみつめる機会が得られれば、冷静になることができて、あともうすこしがんばってみようという勇気がわいてくるものです。

私が置かれている境遇を冷静にみつめることができたのも、もうあとがないという生き方を、迷わずに覚悟して選ぶことができたのも、家内の「旅に出ましょう」というひと言だったのです。

誰しも「今日何をすればいいのか」「これから、どんな人とつき合えばいいのか」「あの会社のほうがいいのではないか」などと、迷いはつきませんが、迷ってばかりいては「心に悪い習慣」がつくだけです。

とはいえ、人にはそれぞれ生きる目標があるはずで、迷いながらもそれを達成しようとします。今年は会社をつくろうとか、新しい仕事をはじめようとか、あるいは家を建てる、子供を有名校に入れるなどと、人生の節目でそれは変わります。

そして、目標が達成されればよし、力およばず、あるいはチャンスがなくて失敗に終わることもあります。しかし、そのための努力や歩いた道のりは、その後の人生にどれだけ力になるか。その歩みの過程でつかんだものは、必ず自分を一回りも二回りも大きくしてくれるはずです。

ながく伏した鳥は
高く飛ぶ
早く咲いた花は
早く散る

The bird which has well rested its wings flies highest. The flower which blooms first scatters its petals quickest.

『いい加減を知る』（里文出版）より

こころの習慣

2

「もうだめだ」とあきらめない

めざす目標が大きければ大きいほど苦節はつきもの。節が多いほど竹が強くなるように苦節は人をたくましくする。

仕事を続けていて「もうだめだ」と思ったり、スポーツでも趣味でも、もっと上手になりたいと思っていても投げやりになることがありますが、それでは「心によい習慣」をつけることはできません。あきらめは、成長の機会を逃すだけで何ももたらさないと、肝に銘じておく必要があります。

まじめな人ほど「もうだめだ」とあきらめがちで、失敗を上司に叱《しか》られたり、上達しないことを批判されたりすれば、やる気を失い、これだと決めていた目標がみえなくなってしまうこともあります。

理不尽なことで人からとやかくいわれれば腹も立ちますし、傷口に塩をぬられるような目にあえば、気が弱い人ならノイローゼになってしまうこともあるでしょう。「人の口に戸は立てられぬ」というとおり、人の見方は勝手なものです。

私の場合であれば、「天台宗の大僧正の地位を得て、気候のよいハワイで好きな絵を描きながら、日本にやってきては個展を開き、悠々自適な生活を送っている」という誤解もあるようです。

絵は私の寺と生活を維持するための、たいせつな収入源になっており、この歳になっても、いまだに私の経済的な苦労は続いているというのがほんとうのところなのですが……。

いずれにせよ「もうだめだ」と決めつけてしまうのは、あくまで自分なのです。それはただ迷っている状態で、いつまでも続くわけではありません。

いつかはきっと迷いから抜けだすことができますし、むしろ迷っているから次のステップに行けるといえます。失敗して「もうだめだ」と思い込み、あきらめてしまっては元も子もありません。

誰しも「もうだめだ」というつらい状態から一刻も早くぬけ出したいと思うでしょう。けれども、弱気な気持ちとたたかい、逃げることなく自分をはげまし、あきらめずに物ごとを続けていくしかないのです。

自分が置かれたつらい状況を、自分の力だけで自由に変えることはむずかしいといえますが、何ごともその場から逃げずに続けていれば、きっと明るいきざしがみえてくるはずです。

めざす目標が大きければ大きいほど苦節はつきものです。その節が多いほど竹が強くなるように、苦節は人をたくましくしてくれます。

「一二年を経れば必ず一験《いちげん》を得ん」と、伝教大師《でんぎょうだいし》は私たちをはげましてくださっています。

何ごとも「もうだめだ」とあきらめてはいけない。

三年や五年であきらめるな。一〇年でもあきらめるな。

とにかく、どんなときでも目標を見失わずに努力し続ければ、どのような人でも、必ずその効験があらわれるはずだと説いておられるのです。

こころの
習慣
3

自分で自分をはげます

挫折《ざせつ》し、失敗し、迷い、
ためらいながら生きているのが、人生。

仏教では「やる気」がなくなってしまうことを、「退いて屈する」という意味で「退屈」といい、「心に悪い習慣」をもたらします。

普通、退屈というと、することがなくて時間を持てあましているというような意味に使われますが、本来は「もうだめだ」とあきらめてしまって、何もしない状態をさします。

では、どういうときに退屈するのかといえば、仏教ではその状態を次の三つにわけています。

「広深退《こうじんたい》」

悟りの世界があまりにも広く深いことを聞いて退屈すること。仕事や研究などに取り組んでいて、学ばなければならない知識の多さや、そのむずかしさなどに行き詰まってしまい、途中で投げ出すような状態です。

「難修退《なんしゅうたい》」

修行がむずかしいことを聞いて退屈すること。事業計画や目標を聞いただけで逃げ腰になってしまうような状態です。

「難証退《なんしょうたい》」

悟りを得るのはたいへんなことだと聞いて退屈してしまうこと。学問の研究、芸術的な仕事をしている人などが、途中で何度も無力感に悩まされるような状態です。

つまり、仏教の世界も修行を積んで悟りを得ようとすれば、「もうだめだ」とあきらめてしまいたくなるような状態があるということですが、これは、一般の学問やビジネスなどの場合にも当てはまることです。

たとえば、仕事を与えられて「できそうにない」とか、同僚とくらべて「能力的に劣る」とか「自信が持てない」と思ったりすることがあるでしょう。

また、せっかくひとつの仕事をやりとげようとしても、やりはじめたばかりで「自分には無理だ」と思い込んだり、人から「むずかしい」「時間がかかる」などといわれただけで、やめてしまうことも多いようで、こうしたことがたび重なれば、「心に悪い習慣」となって染みついてしまいます。

しかし、むずかしいと思えば、くふうしながら努力してやりとげようとふるい立ち、「あなたなどにできるわけがない」などといわれれば、地をはってでもやりとげる。そうした意志の強さを持たなければ、ろくな学問も仕事もできません。名を成した人は誰でもいくつもの壁を乗りこえているものです。

長い人生にはたびたび「退屈」するときがあります。

挫折し、失敗し、迷い、ためらいながら生きているのが人生です。けれども、そういうときに自分で自分をはげます力がわいてくるようでなければなりません。

咲く時は
渾身《こんしん》の力で咲け
輝く時は
命がけで輝け
人間の一生は短い

Life is short; when blooming,
bloom with all your strength;
when shining, shine from your heart.

『空即是色 花ざかり』（里文出版）より

こころの習慣

4

力まない

力まずに、気持ちよく、
ラクになるということは
自分の「我」から解放されるということ。

スポーツに取り組むアスリートたちが、力むと思うような結果が出ないので、よく「力まない」ということをいいます。

そこで、思い出されるのが、かつてマラソンの瀬古《せこ》選手がテレビの対談で、「走っているうちに、非常に気持ちがよくなってくるときがある」といっていたことです。

スポーツ音痴の私には、その境地がどういうものであるのか、推測の域を出ませんが、何となく、長距離を走るマラソンという競技が、人生の縮図のように思えますし、仏教の教えに共通するものがあるように感じています。

毎年一二月に行われるハワイのホノルルマラソンは大イベントとして定着し、日本からも大勢の人が参加しています。さぞかしきついだろうに、あれほどの距離がよく走れるものだといつも感心します。きっと瀬古さんのような心境になりたいために走るという人も多いのでしょう。

スポーツのなかで、もっともきついと思われるフルマラソンを走っていて「気持ちよくなってくる」心境とは、おそらくどこにも力みがなく肉体も精神もほどよくバランスがとれている、自然に体が動いていることさえ忘れているような状態だと思います。

体のどこかに力みがあれば、力んだところが痛んだり、呼吸が乱れたりするでしょうから、走っている最中にそうならないように肉体をコントロールするには、相当な精神力が必要でしょう。

エネルギーをできるだけ消耗しないように走るという点では、力みは丁度クルマのブレーキとアクセルのようなものなのかもしれません。どちらも踏む回数が多ければエネルギーを消耗してしまいます。

また、あるマラソン選手が、走っている最中に何を考えているのかについて、次のようにいっていたことも思い出されます。

「最初のうちは、タイムとかレース展開などを気にしながら走っていますが、体がきつくなってくると、そのきつさから解放されたいからなのでしょうか、意識は思い出などをたどるようになってきます。

両親や兄弟、友達の顔が浮かんだり、ずいぶん前のことがよみがえったりします。そして、もうやめようかというほど、いよいよきつくなったのをがまんしていると、突然、ラクに走れるようになります。それは違ったゾーンに入った感じです」

このマラソン選手の葛藤《かっとう》は、まさに山あり谷ありの人生のようで、たいへん興味深い話です。そして、瀬古選手の違った境地に入るという話にも、この選手の違ったゾーンに入るという話にしても、仏教の修行、あるいは悟るということに通じるところが大いにあると思います。

つまり、マラソンのきつい状態は仏教の荒行とイコールのような気がします。肉体的・精神的苦痛をがまんして走っているうちに、ふと気持ちがよくなる、ラクになるというのは、自分の「我」から解放されるということにも通じます。

一生懸命お経をとなえ、托鉢や説法を重ねても、悟りを得たいと思っているうちは、まだ「我」が働いていて未熟だということを、時宗《じしゅう》開祖の一遍上人《いっぺんしょうにん》は「わがなくして念仏申すが死するにてあるなり」ということばで説いておられます。

その意味は、「自分の我をおさえて南無阿弥陀仏《なむあみだぶつ》をとなえようとする、その意識さえも捨てなければ、ほんとうに南無阿弥陀仏をとなえたことにならない」ということです。

京都の六波羅蜜寺《ろくはらみつじ》というお寺に安置されている有名な「空也《くうや》像」をご存じの方も多いと思います。この像の口から小さな仏さまがいくつも出ている姿は、修行僧の理想像であり、吸う息、吐く息さえもが仏さまの姿になるように、南無阿弥陀仏をとなえながら歩くたいせつさを象徴しているわけですが、その自然体のありようは、マラソンの「力まない極意」のようなものと似ていると思います。

こころの
習慣

5

「よい友人」かどうか
みきわめる

「よい友人」は人生の宝。
「心によい習慣」をもたらしてくれる
人生最大の味方。

よい友人がいるか、いないか……。

その存在は生きていく上で、また「心によい習慣」をもたらし、希望を与えてくれるということで、きわめて重要になります。よく「無二の親友」といいますが、そういえる友人がひとりでもいれば、その人の人生は大きく違ってきます。

迷い、不安を感じ、絶望してくじけそうになったときに、なんでも打ち明けられる友人は、まさに「人生の宝」です。

ときには、親兄弟にもいえないような悩みを聞いてくれたり、何も見返りを求めずに協力してくれる友人ほど、ありがたいものはありません。

お互いに、よいところも悪いところもよくわかっていて、許し合うこともはげまし合うこともできる。そのように支え合う力を「善友力《ぜんゆうりき》」といいます。

「善友」とは、善《よ》き友人のことです。

友人といってもいろいろで、単なる飲み仲間やゴルフ仲間ではいくら親しくても善友とはいえません。

では、どのような友人が善友であるかというと、仏典では次の八つの条件をあげています。

①道徳的に生活がきちんとしている。【住戒《じゅうかい》】
②知識・教養がある。【多聞《たもん》】
③悟りをもって自分の生き方ができている。【具証《ぐしょう》】
④人の悲しみがわかる。【哀愍《あいみん》】
⑤何ものにもおそれない。【無畏《むい》】
⑥いかなる苦しみにも耐えしのぶことができる。【堪任《かんにん》】
⑦修行や慈悲の行いをあきずに続けられる。【無倦《むけん》】
⑧ことばづかいが正しくて慈しみがある。【善詞《ぜんじ》】

善友は必ずこれらの条件をいくつか備えているはずです。つき合っていくうちに右の条件によって深く心が結ばれるようになれば、善友といえます。

ひと言でも人生を変えるようなことばをかけてくれる人、あるいは挫折から立ち上がるようにアドバイスしてくれるような人がいたら、年齢や地位の上下にかかわりなく、その人はまぎれもなく善友であり、「心によい習慣」をもたらしてくれる最大の味方です。

こちらも悪かったと
云えば
大ていのことは
おさまる

Most things are solved if you apologize for being wrong.

『空即是色　花ざかり』（里文出版）より

こころの
習慣
6

善友の力を借りる

自分の力以上のことができるのは
すべて善き友人のおかげ。

私が、これまで自分の力以上のことができたとすれば、それは多くの友人によるものです。そのなかには、私の人生に決定的な力を与えてくれた友人もいれば、長いあいだ、ハワイ開教の資金的な面を支援してくれた友人もいます。

なかでも、私を全面的に支えてくれたひとりの善友を忘れることはできません。私は、仙台で高校の教員をしていたことがありますが、天台学をもうすこし本気で勉強してみたいと思い、東京に出て宗門大学の大学院に入れてもらうことになりました。

とはいえ、とても学資を払える状態ではなかったので、早くから東京に出て、材木商として独立していた友人に相談すると、「おまえの出世のためなら」といって、この友人が学資を出し続けてくれたのです。

家を建てるときも、材木や建具などを提供してくれて、資金面でも大いに援助してもらい、当時としては、まわりの家にすまないような大きな家を建ててもらうことができました。その人の名は根本弘といいます。

その後、縁あって、天台宗のハワイ開教の責任者としてハワイにお寺を建てることになったのですが、差し当たっての問題は土地を買う資金でした。

一年ほど、安くて手ごろな土地を探し続けたものの、寺を建てるとなると、法的な規制などもあって、かなり広い土地が必要でした。ところが、そうこうしているうちに、ハワイでの寺の設立に協力してくれている人から「いい土地がみつかったからすぐくるように。手付金として一〇万ドルが必要」という連絡が入りました。

しかし、まだ為替レートが一ドル三六〇円の時代です。いくら天台宗でも三六〇〇万円もの資金をすぐ用意できるわけがありません。

ハワイに別院を建てるという計画についてさえ、宗門内で東西の意見がわかれ、「いまさらハワイ開教でもあるまい」という声がありましたから、資金をすぐ出してくれるはずもなかったのです。

「しかたがない。これも断るしかあるまい」と幹部からいわれて、私はハワイにもどることにしました。その折り、「ハワイでゴルフでもやるか」と遊び半分で一緒に行ってくれたのが友人の根本氏でした。

そして、断りにいく前に一応候補地をみておこうということで、売りに出ていた土地をみに行くことにしました。

その土地はハワイ五大財閥といわれるファミリーのものでしたから建物も立派で、売り価格は日本円にして一億円をこえていました。いまでこそ一億円という数字に世間はおどろかなくなっていますが、当時の天台宗にとっては目のくらむような金額だったと思います。

根本氏は、建物をじっくりみて回りました。そして、さすがに材木商の目です。

「この建物だけで一億円はするぞ。お前、本気でハワイにくる気か。お前が本気なら、とりあえず手付金は立て替えてやろう」といってくれたのです。

もしこのとき、一両日の間に手付金を支払わなければ、この土地は隣のユダヤ教の教会に売り渡されることになっていました。そこで根本氏は、その日のうちに国際電話で彼の取引銀行と交渉して、ハワイの銀行に手付金を支払う手続きをとってしまいました。

　こうして一応土地を確保することに成功して、資金はあとから天台宗にゆっくり調達してもらうという計画で、現在の天台宗ハワイ別院ができたのです。

　もちろんその後、天台宗の関係者もたいへん苦労されていますが、もし、あのとき根本氏がいなかったら、いまの土地にいまの別院はなかったろうし、私自身もハワイに渡っていたかどうかわからなかったのです。

こころの
習慣

7

人生を阻《はば》む五つの障害をなくす

要領よく生きようと思ったり、
要領よく出世しようなどと考える前に
胸に手を当てて問うべきこと。

いくら善友に恵まれ環境に恵まれても、まず本人がしっかりしていなければどうにもなりません。与えられた環境で、どんな人生を送るかは、やはり各自の生き方にかかっていますから、「心によい習慣」をつけることがたいせつです。

ある仏典では、生き方の障害となるものに、欺《ぎ》、怠《たい》、瞋《しん》、恨《こん》、怨《おん》の五つがあると説いています。

「欺《ぎ》」とは、人をあざむくことです。

相手や自分自身をだまし、誰も信じられなくなる状態をいいます。上司も同僚も、友達さえも信じられないとあっては、組織のなかで働くことは不可能でしょう。こちらに信頼感がなければ相手からも信頼されません。

「怠《たい》」とは、怠慢のことです。

入社当時は一生懸命、夢や希望を持って張り切っていますが、次第に「退屈」し、緊張感を失ってしまいます。夫婦のあいだも、二年、三年と時がたつうちに、婚前の約束などを忘れ、お互いにつくすことにあきてしまい、わずかな心がけをいい加減にするところから倦怠《けんたい》がはじまります。

「瞋《しん》」とは、怒りを目や顔にあらわすことです。

上司から仕事を命じられたり、すこしばかり注意されただけでイヤな顔をする。「瞋り《いか》」は物ごとを壊し、人々を悩ませる根本煩悩のひとつだとしています。

「恨《こん》」とは、うらみを持つことです。

人にいわれたことをいつまでも根に持ち、うらみがましく覚えていて、機会あるごとにことばに出したり、態度にあらわしたりします。ときには、自分がこうなったのは、あいつのせいだとうらんでいることがあります。

「怨《おん》」とは、死んでも忘れられないほどうらむことです。

能楽などに出てくる怨霊《おんりょう》のように、いつまでも燃え続け、くすぶり続けるうらみをいいます。クビになったことをうらんで上司を傷つけたりするような事件があったりしますが、人間の心のあさましさ、恐ろしさをみせられるようです。

会社の仕事や上司、仲間に不満を持ったり、やる気をなくしたりするのは、必ずこれらのどれかが心に潜んでいるからです。

法華経に、家出した長者の息子が家にもどり、二〇年にしてようやく財産を与えられるという話があります。長者は財産をゆずるときに「お前にこの財産をそっくり渡すことにしたのは、お前のいっていることに欺怠、瞋恨、怨言がなくなったからだ」といったといいます。

要領よく生きようと思ったり、要領よく出世しようなどと考える前に、まず自分の胸に手を当てて、この欺、怠、瞋、恨、怨の五つの障害が心にあるかないか、「心に悪い習慣」の要因になっていないかを問うてみるべきでしょう。

怨む人も
憎む人も
いてくれたおかげで
今日がある

Let us give thanks to the existence of those people whom we detested or bated. Despite the feelings for them, we may still learn from them. We are here today partly because of them.

『蓮華の花の咲くように』（里文出版）より

こころの
習慣
8

煩悩をコントロールする

生きている限り煩悩はなくならない。
煩悩をなくそうなどと努力する必要はない。

私たち人間は、いつも欲望に左右されていて、それをコントロールしながら生きていますが、欲望こそが、さまざまな形で人間を迷わせ、苦しめる煩悩の大もとになっています。

欲望には、食欲・性欲・睡眠欲の生理的な欲望と、財欲・名誉欲の五欲があって、仏教において、欲望は眼《げん》・耳《に》・鼻《び》・舌《ぜつ》・身《しん》・意《に》（心）の六根《ろっこん》から生じるとされています。

そして六根を通して入ってくるもの、つまりみえるもの、聞こえるもの、臭うもの、味わうもの、触れるもの、心に残るもの、これらすべてが六根煩悩の原因になっているとしています。

六根煩悩とは、執着する「貪《とん》」、怒りやにくしみの「瞋《じん》」、無知の「痴《ち》」の三毒《さんどく》に加えて、うぬぼれや思い上がりの「慢《まん》」、真実を疑う「疑《ぎ》」、間違った見方をする「見《けん》」のことです。

また、煩悩は一〇八あるとされ、大晦日になるとそれを払うために除夜の鐘が一〇八回鳴らされますが、なぜ一〇八なのかというと、次のような数え方にもとづいています。

まず、欲望の大もとの「眼・耳・鼻・舌・身・意」の六根があって、この六根を通して「貪・瞋・痴・慢・疑・見」の六根煩悩が起きます。次に六根それぞれに六大煩悩がつきまとうので、煩悩の数は六×六で三六になり、これが過去・現在・未来の三世に渡るため、「三六×三」で一〇八煩悩となります。

ほかにも、八八とか二五とか、いろいろな数え方がありますが、「三毒」あるいは「六大煩悩」がすべての煩悩の根元になっています。

一方、日常生活のなかで、こうした根本的な煩悩に付随して起きる「随煩悩」というものがあって、これがなかなかのくせもので、「心に悪い習慣」をもたらす大きな要因になっています。

たとえば、食欲や性欲、あるいは物欲などの、あらわな形や行動にあらわれる煩悩は、一応の理性があればコントロールできますが、ねたみ、うらみ、にくしみなど、心の底でうじうじ、もやもやとくすぶっている煩悩は、いくら理性や知性があってもコントロールしにくいものです。むしろ、そうした煩悩がいつもくすぶっているのが人間の心というものなのかもしれません。

この「随煩悩」も大中小の二〇種にわけられるとされていて、とくに気をつけなければならないのが、次の一〇の「小随煩悩」です。

「忿《ふん》」…腹を立てる。怒る。
「恨《こん》」…根に持つ。うらむ。
「覆《ふく》」…都合の悪いことをかくす。
「悩《のう》」…やりきれない思い。ひとりで苦しむ。
「嫉《しつ》」…他人の幸せをねたんで心穏やかではない。
「慳《けん》」…ものおしみをする。けち。知っていることも教えない。
「諂《てん》」…へつらう。人の心を引き、自分のあやまちをかくす。

「誑《おう》」…たぶらかす。いつわる。うそをいう。
「害《がい》」…人の心を傷つける。他人の痛みがわからない。
「憍《きょう》」…おごりたかぶる。人を見下す。

これらのどれをとっても、私たちが思い当たることばかりです。つまり、私たちはこうした煩悩とともに生きているということもできます。

「煩悩を断て」と説いたのはお釈迦さまであり、仏教はその教えによって成り立っています。けれども、お釈迦さまはほんとうに煩悩を断ってしまったのでしょうか。「随煩悩」などについて説いておられるところをみると、お釈迦さまもこれには相当悩まされていたような気がします。

ただ、悩み方が私たちとは違うのです。私たちはほとんどの場合、自分のために悩んでいるのですが、お釈迦さまは「大煩悩」の方であり「大慈悲」の方ですから、すべての人のために悩んでおられたのです。

「小随煩悩」の「小」は、単に小さいとか大したことではないという意味ではありません。自分自身のためだけの悩み、自分の欲望のためだけの煩悩をさしているのであって、実は、これが煩悩の煩悩たるゆえんなのです。

生きている限り、煩悩はなくそうと思ってもなくなるものではありません。「生きている」ということは「煩悩がある」ということでもあります。

とすれば、煩悩をなくそうなどと努力する必要はないということになりますが、ただひとつ、人を悲しませるような煩悩は何としてもおさえなければならないということです。

この点を守れば、いかんともしがたいさまざまな煩悩も、多くの芸術を生みだすように、まんざらではない音をかなでてくれるはずです。

親鸞《しんらん》聖人《しょうにん》も道元禅師《どうげんぜんじ》も、煩悩をコントロールすることがわかれば「煩悩即菩提《ぼんのうそくぼだい》」、つまり、煩悩を持ったまま悟ることができるといっておられます。それが念仏や禅が求めるところなのです。

こころの
習慣
9

ときには「方便《ほうべん》」を用いる

真理が人を傷つけることがあるならば
ときには「たくみな方便」も人生には必要。

私は、かなりおくれて大学院に通っていましたが、そのころ家族ぐるみでつき合っていた、大手化学会社の開発課の課長をしていた友人がいました。

優秀な科学者でもあり、家族は奥さんと娘さんがひとり。あるとき、彼から娘さんの高校進学について相談を受けました。聞けば、娘さんの志望校は入学がむずかしいことで知られていましたが、私の知人が役員をしていた関係で、その私立高校を紹介することができました。とはいえ、もともと成績のよい娘さんでしたから、入学するのに何も問題はありませんでした。

その後、入学して最初の学期を終え、明日から夏休みという日、娘さんは成績表を持って帰ってきました。そして、さっそく彼にみせたところ、彼はひと目みて、

「こんなことじゃいかんね。もっと勉強しなさい」といってしまったそうです。

娘さんはしょんぼりして部屋にもどりました。両親はそれを気にもとめず、夫婦で近所に買い物に出かけました。ところが帰宅してみると、娘さんはドアも窓も固く閉め、ガス栓を全開にしてベッドの上で亡くなっていたのです。

たったひとりの娘に死なれて、まず母親は気が狂わんばかりの毎日で、続いて妻も自殺するのではないかと心配しながら、彼は二重も三重もの苦しみを背負って、ともかく会社の勤務を続けていました。

会社の帰り、ときおり私を電話で誘い、駅前の飲み屋で語り合いました。そうしたある日、彼から「人は死んだら、どうなるのかな」と聞かれたことがありました。私はそのころ、卒業論文のため難解な仏典などに取り組んでいたときでもあり、相手は優秀な科学者でもあるということで、多少構えたところもあったのでしょう、不用意に「色即是空《しきそくぜくう》だよ」といってしまいました。

すると、彼は「何だ、それは」と急に目をけわしくして私を見据えました。私はあわてて、「色とは……、空とは……、無常とは……」などと、もっともらしいことを並べましたが、彼はそれを聞こうともせず、

「駄目じゃないか、そんな話じゃ。われわれ夫婦はいま、死んだ娘が、いまごろは三途《さんず》の川を渡って、川の向こうの広い原っぱあたりで花でも摘みながら、ときには

こっちを向いて、手を振ってくれたりして、極楽に向かって、とぼとぼと歩いているのだろうと、そう思わなければ一日だって生きていられないのだ」といって、絶句してしまいました。

やがて、また夏がきて、夫婦にとってあらためて悲しみが増す一周忌。ともかく、夫婦は、ほとんど二人きりで法事をすませ、親しい人たちに礼状を書きました。「永い間、ほんとうにお世話になりました」と。それが何を意味したのか、受けとった人たちが気づいたときには、もう遅かった。この夫婦は、娘の部屋で娘と同じようにガス栓を一杯に開けて、娘を追っていたのです。

私のあのことばがすべてではないでしょうが、少なくとも、この夫婦に生きる力を与え、あるいはもうすこし「たくみな方便」で、死後の世界などを話すことができていたなら、この二人は、もっと違った道を選んだのではないかと、私の胸はいまでも悔恨にうずくのです。

あれから私自身、いくつもの深い川を渡ってきました。そのたびに、この「色即是空」が重くいろどりを深めています。そして、それまで気づかなかった「即」の一字が「色」と「空」の単なる接続詞ではなく、修行や体験によって、対極的な「色」と「空」の間隔をせばめ相即させ、「即」を深めていくことが、この四文字のいわんとするところではないかと気づきはじめたのです。

苦しみが
なくなるのではない
苦しみで
なくなるのです

There is always suffering, but through it we can overcome suffering.

『空即是色　花ざかり』（里文出版）より

こころの
習慣
10

孤独を共感する

人は誰しも、
ひとりにかえっていく存在と思えば
その「孤独」を共感して、
どんな人にもやさしくなれる。

「人は誰でもひとりでは生きていけない」とよくいわれます。

たしかに、人は甘え合い、支え合い、ときには許し合いながら生きているので、それは的を射ていると思います。

しかし、一方には、そもそも人間は「孤独」なもので「ひとり生まれて、ひとり死ぬ」存在だという、厳然たる事実があることもたしかです。

そして、この当たり前の孤独を感じない人ほど「さびしい」とか「愛されたい」といって悩んでいるもので、孤独を噛《か》みしめることから逃げているように思います。

なぜなら、愛情を求めるほうが、自分が他者に依存するわけですから、愛情を与える立場よりもラクだからです。

昔は、独身者は変わっていて、ひとり身でかわいそうというイメージがありましたが、最近は男女ともにシングル志向の人がふえていると聞きます。しかし、ひとり身ならではの家族のしがらみなどのない選択をしていながら、勝手なもので、さびしさをおぎなう対象を求めようとしますし、年齢とともにその傾向は強くなるようです。

また、こうした人は元来、人づき合いが苦手で、自分から明るくふるまうことをしようとせず、内側にこもりがちな上に、どうでもいいようなことに固執するプライドの高さがあって、素直さや謙虚さに欠けるところがあります。

場合によっては、まわりから慕われる人を嫉妬《しっと》したり、仲間はずれにされると逆うらみをしたりして、自分の気持ちが晴れないのは、すべて人のせいにしてしまうこともあるようです。

これでは「さびしい」「孤独だ」などといっても誰も寄ってはきません。

では、どうすればよいか。

「孤独なのは自分だけじゃない」と自分にいい聞かせ、けっきょく人は誰しもひとりにかえっていく存在だということを、まず素直に受け入れることです。そして、誰でも孤独なものだという気持ちを持つことができれば、人にやさしくなれ、会ったことのない人にさえ「孤独を共感する」ことができるようになるはずです。

自分が孤独だと感じたことのない人は、人を愛することができません。ましてみず知らずの人の場合であれば、なおさらです。

「孤独の共感」は、「心の習慣」の大もとになるものと心得ておく必要がありますが、さて、あなたは「人に愛されたい」と「人を愛したい」のどちらを選ぶか。

前者であれば、いつまでも「さびしい」「孤独だ」と悩むことになりますし、つねに誰かに甘えて生きていくしかありません。

しかし、後者であれば、人の痛みや苦しみがわかり、人にやさしく接することができるので、皆に慕われ、尊敬される存在になり得るのです。

このことは、人に感動を与える音楽・絵画・小説などの芸術を考えてみればよくわかります。歴史に名をとどめる芸術家たちは、自分の求める世界を創造するために、おそらく想像を絶する孤独とたたかいながら創作し続けたはずです。また、そうでなければ、人の心に響く旋律や色、文章などが生まれるはずはありません。

たとえば、モーツアルトやベートーベンの作品に、私たちは限りないやさしさを感じることができます。なぜなら、孤独を共感させてくれる音楽が響き、彼らの愛が私たちをつつんでくれるからです。

つまり、孤高の人ほど愛が深く、永遠といえるほどまでに、あらゆる人をつつみ込む力があるのです。

幸せを祈るときは
まわりの人の
幸せも祈りなさい
一人では
幸せになれないのだから

When you pray for happiness for yourself,
pray for others close to you as well.
One cannot be happy by themselves.

『蓮華の花の咲くように』（里文出版）より

第2章

心の重荷を軽くする

こころの習慣 11

いつも大らかにかまえる

胸のうちで「小さい、小さい」とくり返していれば
何ごとをも大きくとらえるクセがつく。

どうでもいいようなことを気にかけて、すぐに怒ったり、人をなじったりする人がいます。そんな人と接していると、こちらまで気分が悪くなりそうですが、誰にでも「心に悪い習慣」がついているところがあるように思います。

たとえば、会社で何かおもしろくないことがあって気分が落ち込んでいたり、仲のよい友だちとケンカをして、つまらなかったりすると、家に帰って、ささいなことに腹を立てる、あるいは不愉快な顔のままでいたりしがちです。

また、なかには自分の気分が悪いのは、なんでも「○○のせい」と、長々とグチる人もいるようです。

事情がわからない人にしてみれば、これは実にはた迷惑な話ですが、奥さんなり、身近な人であれば甘えられるから、そうした態度をとってしまうのでしょう。

とはいえ、こういうことがくり返され、「心に悪い習慣」がついている状態はよくありません。

積もり積もれば親しい関係であってもヒビが入ってしまいます。

では、どうすればいいか。

何かささいなことで腹が立ちそうになったら、これはとるに足らない小さなことだと思って、胸のうちで「小さい、小さい」とくり返し、自分の気持ちが悪い方向に行かないようにコントロールすることです。

すると不思議なことに、どうでもいいようなことにとらわれている自分がバカバカしくなって、「これはとるに足りない小さなことだ」と思えてしまうものです。

細かいことを気にせず、何ごとも大きくとらえるクセをつければ、少々なことには左右されず、いつも大らかな気持ちでいられるようになるはずです。

これは、ほかにもいろいろと応用がききます。

態度が大きいだけの上司に困っていたりしても、「小さい、小さい」と思えば、そんな上司はシャクのタネにもなりませんし、部下とか子供を叱《しか》ろうとしても「いや、待てよ」と思えたり、他人のケンカの原因なども実に「小さい」ことに思えてくるでしょう。

つまり、感情的になって何かにとらわれている自分を解放し、「心によい習慣」をつけるのは、ちょっと視点を変えればできることで、意外にやさしいのです。

私たちは、いつも自分の心の動きや、物ごとにこだわって生きています。

つまらないこだわりは、苦しみとわざわいのもとにしかならないことを知っておくべきでしょう。

こころの
習慣
12

「何もかも忘れたい」と思っている自分を解放する

私たちは、誰しも心のなかに、過去に対する後悔や、現在に対する不満、将来への不安をかかえている。

多くの人が、なぜかふと夜中に起きてしまう。せっかくの睡眠をさまたげられ、その後、寝つくこともままならないという経験をしています。

あれこれと気になることがある。悲しいこと、つらかったことがよみがえる。眠れなくなってしまう原因は人それぞれでしょうが、私たちは眠っているあいだも、無意識のうちに「心に悪い習慣」に左右されているとしか思えません。

「何もかも忘れたい」「とらわれていることから解放されたい」と強く願う人もいます。しかし、とらわれていることは、私たちの脳裏に刷り込まれているさまざまな記憶ですから、容易に消し去ることはできません。

それは多くの場合、遠い過去のできごと、あるいは前日の仕事のミス、人とのあらそいなどで生じた「イヤな・不安な・悲しい・悔しい」といった感情的な記憶です。

私たちの脳裏に刻まれた記憶は、意識しなくとも、ふとよみがえり、私たちをいらだたせ、不安にさせます。心理学的にいえば、潜在意識や強迫観念がそうさせるということでしょう。

また、人には、さまざまな経験を通して想像をめぐらす能力がそなわっていますから、将来に対して不安を感じたり、あまり根拠のないことにおびえたりすることも、睡眠をさまたげる要因になっています。

もちろん、反対に「楽しかった・うれしかった」などの記憶もありますが、不思議なことに、そうした明るい記憶で夜中に起きてしまったという話は、あまり聞きません。

現代人は時間がゆったりと流れていた昔の人たちにくらべれば、はるかに多くの経験を強いられ、つねに身構え、緊張し続けています。そうしたなかで、悲しかったり、つらかった記憶をかかえながら生活していかなければならないのですから、忙しい人ほど、さまざまな記憶が整理されないまま、苦しみをつのらせることになります。

では、どうすればよいのかといえば、自分をしばっている現実から逃げてしまうことが考えられますが、それは一時的なごまかしにすぎず、たとえば、どんなに酒やバクチなどに溺《おぼ》れたとしても、ほんとうの心の自由を得ることにはならないでしょう。

しかし、ここにヒントがあります。

私たちは、誰しも心のなかに、過去に対する後悔や現在に対する不満、将来への不安をかかえています。けれども、悲しいこと、つらかったことなどを、いつまでもくよくよと引きずらないことです。

そうした堂々めぐりをしていれば、心の傷は深まるばかりです。楽しかったこと、うれしかったことなどを思い出して、ほかに注意をそらし、「心によい習慣」をつけるようにして心を解放すべきです。

悲しい時は
悲しみの醒《さ》めるまで
悲しみなさい
悲しみが醒めれば
新たな道が見えてくる

When you encounter a tragic event, grieve
thoroughly until the deep grief is dealt with.
Once you manage to deal with the grief,
a new world will appear.

『蓮華の花の咲くように』（里文出版）より

こころの習慣

13

「よい思い込み」を心がける

「よい」も「悪い」も自分の心持ちしだい。
「よい思い込み」は
人生を好転させるエネルギーのもと。

思い込みにはふたとおりあります。

「あの人は悪い人」とか「これは間違っている」、はじめから「絶対うまくいくはずはない」などと、否定的に決めつけてしまう「悪い思い込み」。

そして、「あの人はきっといい人」「これは正しい」「必ずうまくいく」というように、肯定的にとらえる「よい思い込み」です。

どちらがいいかといえば、いつも「よい思い込み」をするようにしているほうが、気持ちを明るくしていられますし、置かれている状況を大きくとらえることができて、何ごとにも前向きに取り組んでいくことができます。きっと周囲に与える印象もよいはずですから、ぜひ「心によい習慣」としたいところです。

反対に、なんでも悪いほうに考えてしまう「悪い思い込み」をしている場合は、つねに胸がつかえているようで、気分は晴れず、ついつい表情も暗くなって、まわりに与える印象もよくないでしょう。「心に悪い習慣」とならないように気をつける必要があります。

ガンでもないのにガンだと思ったり、つまらない病気をたいへんな病気だと思い込んで、実際に病気になってしまう人たちがいるといいます。「病《やまい》は気から」といいますが、こういう人たちの場合は、自分の心が病気をつくり出しているのでしょう。

自分を落ちこぼれと思っている人も、これと同じようなところがあります。「逆境」と思っていることが、自分の人生にとって、のちのち大きな財産になるかもしれないのに、その逆境を「不幸な状態」と一方的に思い込んでしまうようです。

しかし、逆境のなかった成功者はいません。ほんとうに落ちこぼれになってしまうかどうかは、自分の逆境の生かし方にかかっているのです。

「よい思い込み」を心がけることは非常にたいせつです。

物ごとを否定的にとらえるか、肯定的にとらえるかで、まったく気持ちも姿勢も、得られる結果も違ってくるからです。「よい思い込み」は状況を好転させるエネルギーのもとになる、といってよいかもしれません。

たとえば、オリンピック競技をみていても、これは一目瞭然《りょうぜん》です。競技にのぞむアスリートは、どの顔も「必ず勝つ」という表情をしています。強く思い込めば思い込むほど、必ずよい結果が得られるということを知っているからです。

よくなることだけを信じているアスリートは、不思議なことに小さい人でも大きくみえます。小さくならずにゆったりと大きくかまえることで、余裕と自信が満ちあふれてくるのでしょう。

競技を観戦するファンでさえ、「必ず勝つ」と思い込んで一生懸命応援すれば、それがエネルギーとなってアスリートにとどき、実力以上の結果が得られることも少なくありません。

私は二〇一三年の夏、盛岡の展覧会のために帰国した折、ご多分にもれず、深夜まで宿泊先のテレビの前で女子サッカーを応援しました。

当日の午前中、展覧会の会場で小さな講演会が予定されていて、そのテーマを考えなければならないというのに、準決勝にのぞむ「なでしこ」の勝利を願い続けたのです。

するとき、私が「必ず勝つ」と強く思い込むたびに相手のゴールネットをゆらし、点数が入ったではありませんか。

これは余談ですが、当日の講演会ではいたしかたなく、眠気をこらえながら、テーマを「思い込み」とし、夜ふかししたことを正直に話して、皆さんの笑いを誘った次第です。

こころの習慣

14

受け入れる側に回る

自分の気持ちをわかってほしいなら
先に相手の気持ちを理解して
受け入れる側に回る。

「自分は間違っていない」と我を張る人がいます。その頑固さを、まるでよいことのように思い込んでいる、どちらかというと、苦労を重ねてきたまじめな自信家に多く見受けられます。

頑固に信念をまげない自信家の姿勢は、仕事などを進める上ではたいせつなことでしょう。しかし、職場や家庭、あるいは友人・知人との関係で我を張るのは、決してほめられたことではありません。仕事などに対する頑固さが、人とのつき合いの上でも出てしまうのは、そもそも間違いだからです。

我を張ってなかなか折れない人は、自信があるだけにプライドが高く、「自分は間違っていない」のだから、我を張り続けてもよいと思っているところがあります。

また、そのせいで人間関係をせまくしたり、人に不満に思われてもかまわないという頑固さがあるので、始末におえません。

我の強い人は「自分を理解してほしい」という気持ちがいつも先立ち、自分を相手に合わせることができません。なかなか相手のいうことを聞こうとしませんし、誰であれ、その人の立場になって考えようとしません。

つまり、我の強さが「心に悪い習慣」となってしまっていて、相手よりもまず自分の気持ちを優先するので、聞く耳を持てないわけです。はじめから自分の頑固さを欠点とは思わずに、許しているともいえるでしょう。

たとえば、親子ゲンカのときの「誰のおかげで大きくなったんだ」というせりふを私たちはよく耳にしますが、これなど、頑固さの押しつけの典型です。

どんなに苦労して育ててきたとしても、自分から子供に「おかげさま」を強要するのはこっけいな話で、親の我を通そうとすればするほど子供の反感を買い、「育ててほしいとたのんだことはない」といったことばが返ってきてしまいます。

ではなぜ、こんな親のせりふが出てしまうのかといえば、どんなに自分が正しいとしても、場合によっては自分からへりくだる、低姿勢に出ることで、事態が好転するということを知らないからです。

我の強さは相手をかたくなにさせるだけで、なんの役にも立ちません。

自分の気持ちをわかってほしいと思うなら、先に相手の気持ちを理解し、受け入れる側に回ることです。自分が不満なら相手も不満、自分が怒っていれば相手も怒っているのです。そうした、感情が堂々めぐりするのは実につまらない話です。それを絶つのは自分次第。自分が変われば相手も変わるということを知る必要があります。

我を張る人は、人間としての器が小さいと心得るべきで、一度、そのこだわりを捨てれば、人とのきずなが強まり、自分をとりまく人たちがたいせつに思えてきて、人間的にも大きくなるはずです。

「実るほど、こうべをたれる稲穂かな」ということわざどおり、つねに謙虚、素直な姿勢で、「受け入れられること」よりも「受け入れること」のかしこさを身につけて、「心によい習慣」としていきたいものです。

他人を
あてにしなければ
怖いものは
なくなる

When one does not rely or depend on others,
one frees oneself of fear.

『空即是色 花ざかり』（里文出版）より

こころの習慣

15

人づき合いはほどほどにする

人間関係は、
お互いに足りない部分をおぎない合い、
甘え合いながら成立しているが、
ずるずると引きずる必要はない。

相性の悪い人はどこにでもいるもの。しかし、つき合っていくしかないのだから、毛嫌いせずに、そうした人の考え方や性格を分析してきずなを深めていく。このように考えて行動することはとても尊いことです。

とはいえ世のなか、謙虚で素直な「心によい習慣」がついている人ばかりではないので、相手の気持ちを理解し、受け入れるように努めても限界があることもたしかです。

よくぶつかってしまう上司や同僚、どんなに仕事を教えても教えがいのない部下、いいわけばかりして意見が噛み合わない人、何か問題をかかえていて相談にのってほしい人など、やはり、悩みの原因はいつも対人関係で生じるようです。

そして、とくに困るのが、日ごろは真面目で謙虚にみえて、会話や態度にも問題がないのに、もっとも理解し合わなければならない「いざ」というときに、「この人、何を考えているの」と思わせる人です。

自分の能力のなさを知られたくないから、自己過信が強いからなど、その要因はいろいろ考えられますが、こうした人は、どんなにこちらが理解しようとしても追いつかないところがあって、ひと言でいえば、依存心が強すぎるとしか思えないでしょう。

懸命に説得したりアドバイスしたとしても、まさに「のれんに腕押し」「ヌカにクギ」で、打っても響かない、とらえどころのない印象を受けるだけです。

依存心が強い人は、誰かに甘える形で支えてもらわなければ、自力で問題を解決できるはずもなく、「いざ」というような状況になると、もともと自分に自信が持てないので、どうしても腰が引けてしまいます。

また、そうした自分の性格がわからないというか、理解がおよばないので、具体的な仕事の方向性とか、置かれている状況、場合によっては自分の将来についてさえ、人にゆだねてしまうところがあります。

つまり、「心に悪い習慣」がついていて、いつまでも自立できないわけです。いい歳をしてこれでは困りものです。

謙虚で素直であれば、まだ救いようもあるでしょうが、こうした人に限って、いざとなると我を張り、感情的にしか判断できないものです。

では、どうすればよいのかといえば、「仏の顔も三度まで」の姿勢で接するしかないといえるでしょう。

ある程度まで受け入れることはできても、ずるずると引きずる必要はありませんし、そうすることはお互いのマイナスになると思うべきです。

人間関係は、たしかに、お互いに足りない部分をおぎない合い、甘え合いながら成立しているといえます。けれども、それはお互いさまで、いつも甘えてばかりいてはいけないということを、できるだけ早いうちから学ぶ必要があるでしょう。

やはり、精進（心身をはげまし、努力を続けること）を忘れると、心の成長が止まり、いざというときに人に依存してしまい、いつも人に迷惑をかけてしまうことになるのです。

人と人のほどよい関係については、ドイツの哲学者ショーペンハウエルが、次のようなあらすじの寓話《ぐうわ》を残しています。

凍えるような、ある寒い冬の日、ヤマアラシたちがすこしでも暖かくなろうとして、体を寄せ合っていました。

けれども、近づきすぎれば、その鋭い毛先がお互いを傷つけることになり、離れればまた寒くなるので、ヤマアラシたちは困ったそうです。

やがて何度も近づいたり離れたりしているうちに、ほどよく暖まることができて、寒さをしのぐことができたといいます。

こころの
習慣
16

この世に非難されない人はいないと心得る

人は誰しも非難されたり、ほめられたり。
いちいち気にしていては、
この世は渡れない。

家でも職場でも、あるいは友人と会っている場合でも、話したくないときがあるものです。だまっていると「どうしてだまっているのか」といわれ、反対に、皆にわかってほしいと思って話が長くなると「しゃべりすぎだ」などと非難されます。

また、日ごろの仕事ぶりや仕事の内容そのものを非難されたり、個人的な生活態度まで批判、中傷されることもあるようです。

とにかく、この世のなかには人を非難するのがクセになっているような人が多く、どんなに人格者にみえても、それが「心に悪い習慣」として定着している人がいるものです。

しかし、よく考えてみると、人の心は非難されたり、批判、中傷されることに弱いように思えますが、仕事の面についてだけは、意外に強じんなところがあります。

たとえば、何かの仕事をまかされたとして、その内容がかんばしくなく、上司や同僚から非難されたとしても、それがあくまで仕事の範囲だけの話なら、真底から落ち込んだり、めいったりしないはずです。

つまり、自分の仕事のどこが間違っているのかは、程度の差はあるにしても理解できるので、よほどのことがない限り、あまり精神的に傷つくことはありません。

では、何で傷つくのかといえば、仕事の範囲をこえてしまって、感情的なことばで攻撃されたり、露骨にイヤな態度をとられる場合で、その多くは非難する側に問題があります。

酒場などでグチっているサラリーマンの話に耳をかたむけてみれば、仕事そのものではなく、会社の上下関係など、人間関係で悩んでいるケースが圧倒的に多いことが、それを物語っています。

法句経《ほっくきょう》に「この世のなかに非難されない人はいない」ということばがあり、人を非難したがる人は自分も非難される立場にあることがわからない、と説いています。

さらに法句経には「ただ非難されるだけの人、また、ただほめられるだけの人は過去にもいなかったし、未来にもいないだろう。現在もいない」とあります。

非難されて気落ちしてもいけないし、ほめられて有頂天になってもいけない。人は非難されたり、ほめられたり、あるいは同じことをしていても、一方から非難され、もう一方からほめられることもある。いちいち気にしていては、この世は渡れませんよ、といさめているのです。

人の心は非難されたり、そしられたりすることに弱い反面、ほめられたり、おだてられたりすると、自分の分も立場も、わきまえなくなってしまう人が多いことも忘れてはならないでしょう

禅語に「八風《はっぷう》吹けども動ぜず」ということばがあります。

いろんな風が吹いてくるけれども、心がロウソクの火のようにゆれてはならないという教えです。

つねに心をしっかり支えるために、また、「心によい習慣」をつけるために忘れてはならない考え方でしょう。

だまされて
人間がわかる
失敗して
世間がわかる
悲しんで
幸せがわかる

Being cheated, one understands human beings;
in failing, one understands the world;
in sadness, one understands happiness.

『空即是色 花ざかり』（里文出版）より

こころの
習慣
17

人の評価をいちいち気にしない

人は誰でも生まれつき
ひとつくらいは必ず長所を持っている。
それを活かして使えば、
どんな人でも見捨てられず、世のなかのためになる。

自分が持っているものは忘れ、自分が持っていないものに気をとられてしまうような人がいます。こうした人は何かひとつでも自分に欠けているものがあると、幸せになれないような気がして、他人が自分に欠けているものを持っていると、その人が成功できるように思えてしまうようです。

何にでも上手に立ち回る人をみると、「自分もああなれたらいいのに」と、うらやましく思ったり、ねたましく感じたりもするようですが、上手に立ち回る人ほど、「軽々しい」とか「信用できない」などと陰口されているもので、人の印象はさまざまです。

一方、人の陰になって目立たないように働いたりしていても、不思議にそれをみている人がいるものです。「あいつは上手に立ち回れない人間だ。だからこそ信じられる」と、あたたかい目でみている人が必ずまわりにいます。

江戸初期の臨済宗の僧、沢庵《たくあん》和尚はこのようなことをいっています。

「人皆己々の得たる所一つあるものなり。その所得《しょとく》をとりて、これを用うればすなわち人を捨てず」

人は誰でも生まれつきひとつくらいは必ず長所を持っているものです。それを活かして使えば、どんな人でも見捨てられず世のなかのためになるのだ、という意味です。

この世には実にさまざまな人がいます。

何でもよくできる人もいれば、何をやってもだめという人もいるでしょう。

しかし、どんなに劣っているようにみえる人でも、仕事によっては、あるいは使いようによっては、ほかの人にはない能力を発揮することがあります。

一方からだけ人をみて判断してはならないし、自分自身についても何が長所か、これならやれるというところをつかんで生きていけば、必ずそれなりの道は開けるものです。

また、人の噂《うわさ》を気にしない人はいません。

ものごとに動じないようにみえる人でも、人にけなされたりすると動揺し、悪口をいわれれば、目を吊り上げるでしょうし、反対に、それがよい噂であれば悪い気はせず、ほめられれば頬がゆるむものです。

人生には、一生懸命やっていても思わぬそしりを受けたり、こちらが覚えてもいないようなことでほめられたりすることがあります。

つまり、人の噂はいつも真実と一致するとは限りません。

そんなことに、いちいち目くじらを立てたり、ムキになるのはムダなことで、「心に悪い習慣」がつくだけです。つまらない噂は時間が解決してくれますし、けなした人間があとになって「見直した」と頭を下げてくることさえあるのです。

こころの習慣

18

他人と比較しない

「器用さ」だけでは、いつかボロが出てしまう。
「表面をとりつくろいながら生きて何になる」
「不器用でどこが悪い」と、
開きなおるくらいの強い気持ちを持つこと。

何をやっても器用で、すべてをそつなくこなし、成績も優秀。そんな人をみていると、自分の不器用さに腹が立つという「心に悪い習慣」がついている人がいます。そして、「持って生まれた性格だから仕方がない」と決めつけたり、器用に生きる人のまねをしたくなったりするようです。

しかし、器用な生き方がほんとうにその人のためになっているか、よく考えてみる必要があります。「器用貧乏」ということばがあるとおり、その場その場を表面的にとりつくろうことができても、「器用さ」だけでは、いつかボロが出てしまうでしょう。

そんなことにとらわれずに、自分のありのままをさらけ出して生きることを考えるべきで、「表面をとりつくろいながら生きて何になる。不器用でどこが悪い」と、開きなおるくらいの強い気持ちを持つことがたいせつです。

法華経《ほけきょう》の「安楽行品《あんらくぎょうほん》」のなかに次のような話があります。

昔、インドのある地方で修行をしている僧のグループがありました。彼らは修行を積んでいくうちに、「私は仏の教えがわかった」と思い上がっていたのですが、そのなかにたったひとり、経典も読まず、ただ人をみれば合掌《がっしょう》するという行《ぎょう》を続けている比丘《びく》（男の僧）がいました。

彼はどんな人にでも、会えば「あなたは仏になる人です」といって手を合わせます。なかには、合掌されて「バカにするな」とどなって棒でたたいたり、石を投げつけたりする者もいましたが、それでも彼は手を合わせることをやめませんでした。

そしてとうとう、まわりの修行僧たちも彼の姿に影響されて慢心を改め、ともに修行にはげむようになったといいます。

周囲の人々は、この比丘のことを「常不軽菩薩《じょうふきょうぼさつ》」と呼んで敬うようになりました。

「常不軽」とは、どんな人も軽蔑《けいべつ》したり、いい加減にあしらったりしないという意味です。

多くの人が、人に会うと自分よりも偉いか、勝っているか劣っているか、金持ちか貧乏かなどと比較しがちです。そして、自分よりも上だと思う人にはへつらい、下だと思う人には横柄な態度で接してしまうことがあります。

鎌倉時代に日本に曹洞宗《そうとうしゅう》を開いた禅僧、道元禅師《どうげんぜんじ》も、次のようなことをいっています。

「私は長い間修行を積んできた者だから、修行がいたらない者を相手にするわけにはいかないとか、私は先生と呼ばれるようになった者だから、先生でない人と一緒にされては困るとか、このように思い上がっている人は、どうしても仏の道を悟ることができない」

また、江戸中期の臨済宗《りんざいしゅう》の僧、白隠禅師《はくいんぜんじ》は、

「こざかしい才覚や要領のよさが鼻先にちらついているようでは、まだ修行が本物ではない。知っていることでも知らないふりをするのが知恵者というものだ。人から知恵や知識をほめられて、喜んでいるようなのはほんとうの愚か者だ」

といっています。

本で読んだばかりの知識や、流行のことば、情報などを得々としゃべっている、なんとも鼻持ちならない人間がいるものですが、知恵や知識というものは必要なときに発揮すべきで、ちゃらちゃら人にみせびらかすものではありません。

うぬぼれの強い者は
自分の欠点を見ず
悟らず
その傷を深くする

Those who are so self-conceited as to believe that they have attainted enlightenment (while in actuality they have not) do not realize their shortcomings and as a result deepen their wounds.

『蓮華の花の咲くように』（里文出版）より

こころの習慣

19

物や知識やアイデアを独占しない

「人間の器量」とは
その人がどれだけの人間を
使っているかどうかに表れる。

何をやっても器用にできてしまう人のなかには、器用ゆえに人に仕事をまかせられない人が多いように思いますし、これは、その人の「器量」と大いに関係しているような気がします。

「人間の器量とは何か」について、実業界の人たちから、これまで何度か話を聞く機会がありました。その話を総合すると、要するに器量とは、その人がどれだけの人間を使っているかということが、もっとも具体的な目安になると思います。

人を使うということは、人に仕事をまかせるということです。ところが簡単なようでいて、これがなかなかむずかしいようです。

では、なぜ人に仕事をまかせられないのか。

自分でやったほうが早い、他人は信用できないなど、いろいろ理由はあるでしょうが、その根底には、自分の地位や知識を守り、崩さないようにしたいという「保身」の意識があると思います。

仏教ではこれを慳《けん》といい、「もの惜しみをする。ケチる」ことをさします。

仏典には「財宝に貪着して人に施す心なく、いよいよ蓄えんとのみ思う心」と書かれており、ある本には「財と法に執着する」ケチ根性は、物ばかりでなく知識や技術などにもおよぶと説明されています。

企業などに就職し、仕事を早く覚えようとしても、意地悪な先輩社員がいて、なかなか教えてくれずに泣かされたという話をよく耳にします。そうした場合、意地悪な先輩にしてみれば、自分の立場や地位をおびやかされるという不安もあってのことでしょうが、そこにあるものは、やはり慳です。

しかし慳は、人望あるいは人徳と深くかかわっているので、ケチ根性の強い人のところには、結局、人は寄ってこないということになります。

日蓮上人《にちれんしょうにん》が「人に物を施せば我が身の助けとなる」と説いています。これは「他人に物を施せば、その人のためになるばかりでなく、世のなかのためにもなり、ひいては我が身にその功徳がめぐってくる」という意味です。

日蓮上人はさらに続けて「たとえば、人のために火をともせば、我が前あきらかなるがごとし」ということばを残されています。

ただし、もしはじめから「我が身の助けとする」ことを期待するような行為は、「施し」にはなりません。それは単なる取引であり、かえってあてがはずれて「我が身のために」ならないことが多くなるはずです。

仏教で「布施」を強調するのは「慳貪《けんどん》」の心をなくすためです。

物や金をケチるばかりでなく、知識やポスト、アイデアなどを自分だけのものにして、仲間や後輩に教えたくない、ゆずりたくないなどというのは、すべて慳です。また、貪はむさぼることで、いくらあっても足りないと思うことです。

「布施」は、まずこの慳貪の心を捨てることからはじまりますが、「心によい習慣」をつけるために非常にたいせつなことです。

こころの
習慣
20

問題は先送りせずに「一度にやる」

困難な状況におちいった場合、
最大の課題は「時間」。
時間を有効に使うこと以外に
解決の糸口も方法もない。

私たちはいろいろな目標を持って、その順序を考えて取り組むことを日常茶飯に行っています。しかし、「これをやってから、あれをやる」と思っても、なかなか追いつかない。これは多くの人が経験していることでしょう。

個人であれば、「これを学んだら、あれを学ぼう」と思っている学生。「この仕事のめどがついたら、楽しみにしているあれをやってみたい」と思っているサラリーマン。「これを習得したら、あれも身につけたい」と思っているカルチャー教室に通う主婦。

組織であれば、何かのプロジェクトを立ち上げ、その戦略がうまく運ぶように、いくつものステージを効果的にクリアしていく。ひとつの事業計画を達成したあとの新規事業計画などなど。

このように個人であれ組織であれ、次から次に物ごとを運ばなければならないのは、人間の「業」によるものなのでしょうか。その欲望は果てしないように思います。

これも人の煩悩がそうさせるわけで、苦しみ悩みつつも、私たちはつねに前に進もうとしています。

けれども、なかなか前進できない現実もあって、目標とか計画が中断されたり、先送りになったり、場合によってはあきらめなければならないときがあるので、つらい思いをします。

こうした状況におちいった場合、では、どうしたらよいのかといえば、やや乱暴に思えるかもしれませんが、「一度にやる」ように考えることです。なぜなら、こうしたときの最大の課題は「時間」にあるわけですから、時間を有効に使うこと以外に解決の糸口も方法もないからです。

忙しい人が、よく「もうひとり自分がいれば」とか「時間がもっとあれば」などといったりしていますが、自分のクローンができるはずもなく、一日の時間は変えようもありません。したがって、限られた時間で「一度に結果を出す」ことは無理ですから、一度でできる取り組み方に変えることです。

「これをやってから、あれをやる」のではなく、すこしずつでも、これもあれも同時に「一度にやる」ようにすれば、目標や計画にむかって確実に進むことができます。何がムダでどうすれば効率的になるかなどもみえてくるでしょう。

「これをやってからでないと、あれに手をつけられない」というのは、はじめから考え方も行動も、みずからせまくしているのです。だから、やりたいことに追いつけなくなり、どんどん先送りすることがふえ、あせったり、イライラしたりもします。

また仕事の場合、同時に一度にやる能力がないというのであれば、何もかもひとりで背負わずに、人の力を借りることです。

勉強や習いごと、あるいは趣味の場合などは、個人プレーですから、やりたいことの全部をすこしずつやっていくしかないのですが、仕事の場合は、なかなか「待った」は許されません。能力不足、時間不足は人の力でおぎなう以外に方法はなく、つまりは人材力にかかっているわけです。

たとえば、すぐれた企業家や政治家のそばには、必ず右腕と呼ばれる人がいます。そして、信頼できるそうした人材がひとり、ふたりとふえていけば、企業の力はより強固になっていきます。

実は仏さまの世界にもこのことはぴたりと当てはまります。

仏界の東西南北の入り口を守る守護神の持国天《じこくてん》、広目天《こうもくてん》、増長天《ぞうちょうてん》、多聞天《たもんてん》（毘《び》沙門天《しゃもんてん》）の四天王が、次のような役割を持って天界の仏さまたちを手伝っています。

◎持国天　国を治め、民の安泰をつかさどり、東方を守る。
◎広目天　目を大きく見開いて世情をくまなくみながら西方を守る。
◎増長天　増長、増大をつかさどり、南方を守る。
◎多聞天（毘沙門天）　世間の声を聞きわけ、財宝や富をつかさどり、北方を守る。

この四天王の名前や役割を考えると、実に近代的な感じがします。

まず、社長がいて、専務や常務がいて、その下に総務部長、営業部長、製造部長がいるというように、それぞれに責任者がいる企業形態とあまり変わりません。

とくに、広目天、多聞天などの情報収集分野の場合、のろのろやっていたのでは、いまのような時代にたちまちおくれをとってしまいますし、どの部門であれ、その一角がすこしでもくずれれば企業全体の問題になります。

つまり、人材力がいかに重要かということになりますが、営業マンも工員も負っている責任は同じです。

製造中にネジをひとつ間違えたり、あるいは経理が数字をひとつ間違えたりして、会社をあやうくした例はいくらでもあるのですから、そうした事態を招かないために、相互に能力不足、時間不足をおぎなうようにすることがたいせつです。

そして、その重要なキーワードは、つねに問題を先送りにせずに「一度にやる」ことを考えることだろうと思います。

ひとのせいに
していることを
みんな自分のせいに
してみな
きっと
うまくいくよ

Instead of blaming others, put the blame on yourself; And surely things will be better.

『生きるとはなぁ』（里文出版）より

こころの
習　慣
21

「心のよりどころ」を変える

誰しもあらゆる判断を無意識に自分本位にくだす。
そのため、実際に行動を起こすとき、
しょっちゅう間違いを犯してしまう。

私たちは、あの人は好きだ、この人は嫌いだ、どうすれば損か得かというようなことを、いつも選別しながら生きています。

これは何でも自分本位に考え、自分に執着する心がそうさせるわけで、仏教では、無意識のうちに働いているそうした自我意識を「マナ識」といいます。

マナ識は人それぞれの判断基準になっていて、私たちは日ごろ意識せずに、これを心のよりどころにしています。「あの人は嫌いだ」というのは、過去にイヤな体験があって、その体験をよりどころとして、「この人は嫌いだ」と区別しているわけです。

はじめて会った人の印象もそうです。この人はたぶんこういう人だということを、それまで会った人たちの印象をもとに、何枚ものフィルターを通して推測し、判断しているのです。

それは、両親や兄弟、教師や友人、ちょっと会話を交わしただけの人、本で読んだり、映画・テレビでみたような人まで、あらゆる人が含まれますから、やはり、いかに人が育っていく環境がたいせつかということになります。

ところが、マナ識は自己中心的な判断基準ですから、何が正しくて、何が正しくないかをみきわめ、行動に移さなくてはならないようなときには、心のよりどころを切り替えなくてはなりません。これを転依《てんい》といいます。

転依は、自分の努力や意志でできることもあれば、修行や体験を積み重ねていくうちに自然にできることもあって、その期間も人それぞれです。

そして私たちは、この転依を毎日行って生きているようなものなのですが、一挙に転依することはむずかしく、しょっちゅう間違いをしてしまいます。

間違い① 人の心は変わるのに変わらないと思っている。
間違い② 苦しみのタネを楽のタネだと思っている。
間違い③ 人の力を借りてやったことを自分ひとりの力でやったと思っている。
間違い④ 善い友だちを悪く思い、悪い友だちを善い友だちだと思っている。

このようなことを、私たちは気づかずに行っていて、これを仏教では転倒《てんとう》といいます。転倒とは、文字どおり逆にみたり行ったりすることで、正しい見方、あり方が逆になっている心の状態をさします。

たとえば、人に何かを教えるような立場の人は、自分がいま心のよりどころにしているものは何か、という意識がたいせつで、それこそが説得力のもとになり、しっかりとした信念や価値観が問われます。そうでなければ人は話を聞いてくれません。

もちろん、信念がかたよっていたり、価値観がひとりよがりのものであってはなりませんし、もっとも転倒してはならない立場にあるわけです。

またこれは、何も教える立場にある人に限った話ではありません。

要するに、「心のよりどころを変える」ということは、まずこの四つのような間違いを、日常的にこつこつと改めていくことからはじまるのではないかと思います。

こころの習慣

22

「つもり違い」を正す

「○○○しているつもり」
「自分は間違っていない」
という強い思い込みが、
あらゆる悩みや苦しみを生む。

私たちは日常生活のなかで、しょっちゅう転倒（物ごとを逆にとらえること）をしているのに、自分は間違っていないと思い込み、「心に悪い習慣」となってしまっているケースがあります。

たとえば、病院や老人ホームですごしている人が、休日になって自分の子供たちが訪ねてきてくれないことをなげき、あんなに苦労して育てたのに、あんなに可愛がって育てたのに、決して間違った育て方はしてこなかったのに、などと悲しんだりしています。

しかし、ほんとうに間違っていなかったかといえば、そうとはいいきれません。子供は親が育てたように育っていき、「子供は親の鏡」といいますから、そこには「つもり違い」があるのです。

「一生懸命に育てたつもり」「よその子より、立派に育てたつもり」なのに、休日もお盆も正月も、ろくに顔をみせないような子供に育ったとすれば、まったくの「つもり違い」だったということになり、親にも大いに非があることになります。

そして、この「つもり違い」は、親子に限らず、夫婦や兄弟、他人とのあいだにもいつも起きています。

親をたいせつにしているつもり。
妻を愛しているつもり。
夫に感謝しているつもり。
人に親切にしているつもり。
相手のためと思っているつもり。

長い人生を生きていれば、必ずといっていいほど、悩み苦しむことが私たちにはありますが、「自分は、いま悩んで苦しい状態にある」と自覚することができているうちは、まだ迷っても狂ってもいません。ところが、自分は何も間違っていない、罪も痛みも感じていないというとき、人はまさに「つもり違い」のまっただなかに置かれてしまうのです。

ひどい場合は、その迷路にどんどん引き込まれていき、自分を見失ってしまい、人の力を借りても立ち直れないことさえあります。

それはほんとうに転倒してしまった状態で、はい上がるのは容易ではありませんから、つねに「つもり違い」をしないように心がけなければなりません。

そこで、ぜひ知っておいてほしいのが、毎年やってくる「お盆」の意味です。

「お盆」ということばは、「盂蘭盆《うらぼん》」からきており、盂蘭盆はサンスクリットの「ウランバナ」を中国の漢字に音訳したものです。その意味は「逆さまに吊るす」ことで、中国語に訳せば「転倒（もしくは顚倒《てんとう》）」となります。

古代インドでは、後継ぎがいないまま死んだ者は、当然、死者をとむらう者も供養する者もいないので、地獄に堕《お》ちて転倒の苦しみを受けるとされ、後継ぎがいても、親の供養を忘れているような子供たちであれば、同じように親は地獄に堕ちて苦しむとされていました。

私のお寺でも毎年、お盆の法要を行っていますが、いつも盂蘭盆の意味を説くのに次のような「目連尊者《もくれんそんじゃ》の物語」を紹介しています。

お釈迦さまの十大弟子のひとり、目連尊者が、ある日その神通力で地獄をのぞくと、ひとりの老婆が逆さまに吊るされ、鬼たちに鉄棒でたたかれているのがみえました。よくみるとその老婆は何と自分の母親ではありませんか。

目連尊者は何とかして母親を地獄から救い出そうとしますが、どうすることもできないので、お釈迦さまに救いを求めました。

すると、お釈迦さまは「お前は、自分のために修行にはげんではいたが、母親のことは忘れていた。もし、お前が十方の僧侶のために供養をすれば、その功徳によって母親は救われるだろう。幸い七月一五日は僧侶たちも休暇を取って休んでいるから、そのあいだに食べるものを供えてお祈りをしなさい」といわれたので、そのとおりにすると母親は地獄の転倒の苦しみから救われました。

この話をいま風にすれば、「いくら一流の大学を出て、一流の会社に入り、エリートコースを歩んでいても、老いた親が毎日どのように暮らしているのか、気にもしないような子供を持った親は、生きながらにして、ほかならぬ我が子に逆さまに吊るされて苦しんでいるようなものだ」ということになるでしょう。

つまり、「お盆」とは、先祖や亡くなった家族を供養することによって、何よりもまず、家族間の転倒をただすための行事だということです。また、お盆休みに実家に帰って親に会い、お墓参りでもしてこようという家庭には、「つもり違い」の苦しみも転倒による地獄もないということなのです。

一年に一度めぐってくる「お盆」には、要するに、「あの世」と「この世」が表裏一体であることを忘れてはならないという意味があるのですが、日ごろから、自分がこうしていられるのは、先祖や家族、まわりの人のおかげだという気持ちを忘れないようにし、「心によい習慣」としていきたいものです。

生きるとはなあ
いのちを
わけあって
いくこと
なんだよ
だから
いたわりあって
いくんだよ

To live, I should say, means to share life with all others. It should be kindly taking a good care of everything each other.

『生きるとはなぁ』（里文出版）より

こころの
習慣
23

依存しない

たとえ絶望的な気持ちになって、
将来に希望が持てずとも、
「心のよりどころ」を間違えてはいけない。

就職難のときには、若い人たちが思いどおりの職になかなかつけないといいますから、クサったり、絶望的な気持ちになって、何を人生の目標にしたらよいかわからない、そのために何を学べばよいかわからない、ただ何となくすごしている。こうした人がふえてきているのではないでしょうか。

また、仕事についている人でも、将来に希望が持てずに、現状に不安を感じている人もふえているように思います。

環境が変わればよいのですが、そう簡単に状況は好転しないので、自分の力だけではどうにもならないところがありますし、自分をふるい立たせてリセットするには相当な努力が必要でしょう。

こうしたときにたいせつになるのが、心のよりどころを間違えないことです。

まじめな人ほど、ネガティブに考えがちですが、やはり、長い人生を自分らしく生きることを基本にすえて、あまり暗くならずに前向きに物ごとを考えるようにしたいものです。

いつまでもつらい状況は続くわけはないし、必ずチャンスがくると楽観的にかまえて、できるだけプラス思考でいることが大事です。

「もうイヤだ」と落ち込んで、「心に悪い習慣」となってしまうのがいちばん危険です。

何かにすがろうとして、酒やバクチなどに溺《おぼ》れてしまう人もいます。

しかし、それは自分のほんとうの気持ちから逃げているだけで、心のよりどころを見失っている状態です。ときには、気をまぎらわせるために、そうした時間はあってもいいかもしれませんが、それは一時しのぎであり、やはり程度の問題です。

そして、もっとも注意しなければならないのが、人や物に依存しすぎないようにすることとです。気持ちの弱い人は、どうしても悩みから逃がれるために、人に甘える傾向が強いようです。何をどうしたらよいのか、具体的に考えることができないというか、考えることさえ人まかせにしてしまうところがあって、人のいいなりになってしまう危険性があります。

とはいえ、なかなか自立できないことを恥じる必要はありません。恥ずべきは、人生が思うようにいかないと思い込み、心にすきまができて、たいせつな自分の人生さえ何かに全面的にゆだねてしまうことです。

依存心の強い人の心のすきまには、さまざまな誘惑がしのび寄ってきます。たとえば、「これを買えば幸せになる」「これを信じれば幸せになる」といったたぐいのものがそれで、そうしたあやしげなことばにさらされても抗しきれずに、誘惑に負けてしまい、自分を見失うことになりかねません。

その代表的な例が、わけのわからない宗教団体、あるいは効能が証明されていない健康食品や健康器具、オカルトチックな美術品やアクセサリーなどです。

信じることは決して悪いことではありませんが、何もかも依存するのは、いわば心をあずけてしまうことと同じです。よく「信じる者は救われる」といいます。たしかに、あやしげであっても、信じきることができれば心のやすらぎとか、充実感が得られるかもしれません。しかし、そこには本物とニセ物があるということを知っておく必要があります。

本物とニセ物の見分け方は簡単です。

何であれニセ物は、金品の見返りなどを必ず求めてくるはずです。また、あやしげな宗教団体などの場合は、金品に加えて、洗脳しやすくするために、説得力のある家族や友人などとの縁を絶つように働きかけてくるはずです。

やはり、自分の手で探り当て、自分の頭で考え、納得したことでないと信じてはなりません。ほんとうの心のよりどころは、自分自身の内側にしかないのです。

くれぐれも、心のよりどころを間違えないようにしてほしいものです。

こころの
習慣
24

恩を知り、感謝の祈りを持つ

まわりで支えてくれている人たちへの
感謝の気持ち、祈りが、もっと大きな力、
神や仏への感謝の祈りとなっていき、
そのときはじめて「ご利益《りやく》」をさずかる。

神仏に「祈る」とは、あらゆる宗教の入り口であり出口でもあります。

しかし、祈るとはどういうことかというと、宗教や宗派を問わず、これほど経典や論集があるのに、納得のいく説明を探すのは容易ではありません。

かろうじて思い起こせるのは、私が小僧のころ、はじめて護摩《ごま》を焚《た》く修法を習ったときに、師匠から教えられた「四種法」という祈願の方法です。

「護摩」は、行者自身が不動明王と合体する、あるいはマンダラの世界と一体化するための「行」ですが、不動明王やマンダラの力を感得した行者は、いわゆる霊験とか念力がそなわってくるとされ、その法力にすがれば、さまざまな願いごとがかなうと信じられています。

そして、どのような願いごとが「護摩」によってかなえられるのかといえば、その内容は次の四つの祈祷《きとう》方法にわかれます。

「息災《そくさい》」……わざわい防止、病気の治癒、交通安全、厄年の無事、安産など。

「増益《そうやく》」…商売繁盛、学力増進、出世など。
「敬愛《けいあい》」…良縁、頼れる人との縁など。
「降伏《ごうぶく》」…うらみのある者の死、戦争や勝負ごとの勝利など。

このように祈りの内容を並べてみると、なんと利己的で欲望をむき出したものばかりだろうと、そら恐ろしくなってきますが、たとえば、正月や縁日で神社仏閣にお参りするときの一般の人たちの祈りというものは、おそらくこのようなものなのです。

とくに新興宗教の多くは、こうした願いとか欲望をかなえてくれるというのが売りもので、かつてラジオの宗教番組で「私は勝つ。絶対に勝つ。私は運がいいのだぁ」と絶叫しているのを聞いておどろいたことがあります。

それは先の「増益」と「降伏」をかねた祈りなのでしょうが、勝つということは負ける者がいて、運がいい者がいるということは運が悪い者がいることになりますから、自分の祈りだけをかなえてほしいというのが、ほんとうの祈りといえるのかと思ってしまいます。

同じ神仏に「勝たせてくれ」とたのめば、たのまれた神仏は一方を負かしてしまわなくてはならず、こうなれば、もはや神仏の領域ではありません。もしそうした願いや欲望がかなえられることを本気で説く宗教があるとすれば、そのご本尊さまはたぶん悪魔のようなものなのでしょう。

また、よく「地獄の沙汰《さた》も金次第」といいますが、神仏が金銭でどのような願いでもかなえてくれるということになれば、この世は地獄と変わらないことになります。

もちろん、病気を治したいとか、商売がうまくいくように祈るのは間違いとはいいきれませんし、そうした願いが生きていくエネルギーとなって、この社会は動いているともいえます。不治の病などにかかったときなどに、まず神仏に祈るというのは、むしろ当然のことです。

しかし、不治の病にかかって、はじめのうちは自分の病気をなげき、運命を悲しんで、早くその苦しみから逃れたいと思って祈っていたとしても、信仰が深まるにつれて祈り方は変わっていくものなのです。

祈っているうちに「こういう病気にかかってしまったけれど、まだ私は生かされている……」ということなどに気づき、まわりで支えてくれている人たちへの感謝の気持ちが強まり、自己本位の祈りから他人のための祈りへと転換していくはずです。

そして、そうした感謝の気持ちを直接、家族や見舞いにきてくれた人、医師や看護師たちに表すこともちろんですが、そのようにまわりの人たちを動かしてくれているもっと大きな力、つまり神や仏への感謝の祈りとなっていき、そのときはじめて「ご利益」がさずかるのです。

「恩を知る」「ありがたいと思う」ことが信仰の根底であり、浄土宗や真宗で「報恩の念仏」ということをやかましくいうのはそのためなのです。

どうにもならないことを
どうにもならないと
諦《あきら》めるのが
悟りです

To come to the knowledge that matter what one does, there are things that one can't do anything about-that is true understanding.

『生きるとはなぁ』（里文出版）より

第3章

相手を思いやれば幸せがやってくる

こころの
習慣

25

見返りを求めない

自分が損をしていると
思えてしかたがない人は、
実は、もっと大きなところで損をしている。

人は、見返りを求めない行為に感動します。とはいえ、そう思っていてもなかなかできることではないので、いつも人を思いやるように努め、たいせつな「心の習慣」としていきたいものです。

誰しも相手から、何か打算のようなものが感じられるときにはイヤな印象を受けますが、ごく自然に心からつくされたときには、「何とかその好意にむくいたい」「与えられてばかりいては悪い」という気持ちをいだくでしょう。

よい人間関係は、与えたり与えられたりしてたもたれているわけで、人から何かを与えてもらいたいことばかり考えている人のところには、ほんとうのところ何もやってきません。まず人にわかち与え、いつも人に喜んでもらっている人のところには、いつの間にか自然に人の善意が寄ってくるようになります。

損得を抜きにした生き方はすがすがしく、それに感動しない人はいないでしょう。

自分が損をしていると思えてしかたがない人は、実は、もっと大きなところで損をしているのです。

ところで、「見返りを求めない行為」といえば、人づてにこんな話を聞きました。

ある年輩の婦人が、渋谷の繁華街を通りぬけるバスに乗ったところ、たいへんな交通渋滞でした。一車線なのでなかなか前に進まず、ついにバスが動かなくなったので前方をみると、一台のクルマが道をふさいでいるではありませんか。

バスの運転手がクラクションを鳴らしても、そのクルマはまったく動く気配はなく、後続のクルマのクラクションも鳴りやまなくなりました。そのクルマの運転席に人影がなく、移動させようもなかったわけです。

すると、道路まであふれていた人たちのなかから、若い女の子ばかりがドッと集まり、あっという間にそのクルマを「せーの」といって持ち上げ、道をあけてしまいました。そして、何ごともなかったように若い女の子たちは、人混《ひとご》みにまぎれてしまったといいますが、そのほとんどの子が茶髪で、はやりのスタイルでした。

この婦人もバスに乗り合わせた人たちも、たいへん驚き、バスのなかはなごやかな雰囲気にみたされたそうです。

また、それからしばらくして、この婦人は同じような光景を目の当たりにしたといいます。

バスが発車しようとしたところ、手をふりながら、そのバスをとめようとしたお婆さんがいたのですが、バスの運転手は知らないふりをして、バスを発車させてしまいました。

すると、その一部始終をみていたのでしょう。茶髪、ミニスカートの女子高生が、突然、そのバスを追いかけてドアをはげしくたたき、「てめぇ、年寄りだと思ってなめてんじゃねーよ」と、運転手にどなったそうです。

そうこうしているうちに、お婆さんは間にあって、そのバスに乗ることができたので、乗客たちは車窓からこの女子高生にほほえみかけ、小さな拍手を送ったといいます。

こうした話を聞くと、まさに「人はみかけによらないもの」。

この世のなか捨てたもんじゃないな、という気がしてきますし、たまたま電車で乗り合わせた人が、菩薩さまかもしれないと思えてきます。

つまり、「見返りを求めない」という「心の習慣」には、まわりの人の心をも暖かくする慈悲の心が宿っているということなのです。

こころの
習慣
26

施しは受けずに与える

誰にでもすぐできる「施し」は
人に笑いかける「顔施」。

お釈迦さまは「施し」のたいせつさについて説いておられますが、自然にそれが「心の習慣」になっている人がいるもので、そうした人と出会うと、こちらまで幸せな気持ちになります。

いまから二〇年ほど前の秋、盛岡で「シルクロードとみちのくの仏たち」というテーマで講演する機会があり、東京から新幹線で盛岡にむかいました。

しかし、盛岡に着いて駅を出ようとすると、どしゃ降りのにわか雨。すぐやむだろうと思って出口で待っていましたが、なかなかやみそうにありません。

すると、はげしい雨のなかを一七、八歳ぐらいの女の子が傘をさして私のほうに近づいてきました。

みれば茶髪で底の高い靴をはいた女の子。

「あーっ、盛岡にもこんな子がいるようになった」と、私は一瞬なげかわしい気持ちになりました。けれど、その子は私の顔をみるなり、「おっちゃん、この傘持っていきなよ」というのです。

それだけの、たったひと言のことばですが、東北なまりのトーンのやさしさが、私の耳には天女の声というか、菩薩さまの声のように響きました。

何人もの人が私の前を通りすぎたはずですが、あの女の子だけが、雨で困っている私を気づかい、自分の傘を持っていきなさいといったのです。私はもう感謝どころか、すっかり感動してしまいました。

それにしても、あのやさしさはどこからきたのかといえば、おそらく、親たちのやさしいことばを聞きながら育ってきたからに違いありません。

私は常々、幼いころからよいことばを多く聞くことは、心の教育につながると思っています。女の子に借りた傘をさしながら、私はこのことを改めて実感したのです。

そして盛岡の講演会で、まず最初にこの女の子のやさしさについて話をし、皆さんの共感を得たことはいうまでもありません。やはり、人に何も見返りを求めない行いは尊いものです。

お釈迦さまは、お金や財産はなくとも「施し」は誰にでもできると説いておられます。また、伝教大師《でんぎょうだいし》は「施す者は天に生まれ、受くる者は獄に入る」ということばを残されていますが、その意味は「施しをする人は相手を救い、自分の心も満たされ、その功徳で天に生まれ、極楽に行く。しかし、施しを受けるばかりで、人に与えることを知らぬ人は、いくらもらっても不満で、貪欲《どんよく》がますますつのり、そのまま地獄に堕《お》ちて行く」ということです。

「施し」というと、お金や物を与えるというイメージを持たれる方が多いかもしれませんが、仏教では、人に笑いかける施しを「顔施」といい、人にやさしいことばをかける施しを「言施」といって、両方ともたいせつな「施し」だと説いています。

まずは、誰にでもできるこうした「施し」を「心の習慣」としていきたいものです。

わたしは
どのような人から
どのようなことを云われても
怨んだり侮ったりしません
なぜなら
みんな
仏になる人だから

However I am spoken to by people, I respect them all from the bottom of my heart. This is because they are all destined to become Buddhas.

『蓮華の花の咲くように』（里文出版）より

こころの習慣 27

人の心はつねに変化していることを知る

この世のあらゆる存在や現象は、
つねに生死の変化をくり返している。
これに気づかずに、何かにこだわったり、
執着するから、悩み苦しむ。

私が講演会などで話をしていますと、どの方も菩薩《ぼさつ》さまのようなよいお顔をして聞いておられます。

しかし、ついでに「そんなお顔をしていても、家に帰るとささいなことでご主人に腹を立てたり、どうでもいいようなことで子供さんを叱《しか》ったりして、目を吊《つ》り上げていませんか」というと、いつも皆さんの失笑を買います。その大きな落差に、ほとんどの方が気づかないわけです。とはいえ、これは当然のことです。

「心によい習慣」と「心に悪い習慣」はいつも並存していて、人は誰でも一日のうちに餓鬼になったり菩薩さまになったりしているからです。

仏教では六道《ろくどう》といって、善悪の行いによって人は生死をくり返す、すなわち地獄・餓鬼・畜生・修羅・人・天の世界に生まれ変わると説いています。いいかえれば、それは「心の引き出し」のようなもので、人は誰でもそのあいだを行ったりきたりしているというわけです。絶えず、釣りのウキのように流れながら、浮いたり沈んだりしている様子を思い浮かべればいいでしょう。

地獄は文字どおり、悪い行いをすれば堕ちる世界ですから、ただただ苦しい恐怖の世界。餓鬼はつねに飢えに苦しむ世界であると同時に、まだ心が発達していない子供（ガキ）の世界のこともさします。

畜生は獣に生まれ変わってしまう本能の世界。修羅は感情がむき出しになって争いの絶えない世界。そして、知恵をさずかって人の世界になり、修行を積む天界にいたる、というのが六道の構図です。

朝めざめても、前日のつまらないことが気になって悩んでいる自分がいる。でも、そのあとは仕事に出かけて、人のために一生懸命働いている自分がいる。夜になると、同僚と親しく酒を酌《く》み交わしたり、はげしく口論している自分がいる。

このように、誰でも一日をさまざまに変化しながらすごしているわけです。

もちろん、「心によい習慣」をつけるように努めて菩薩さまのようにすごしたいものですが、なかなかそうはいきませんし、瀬戸内寂聴《せとうちじゃくちょう》さんがおっしゃっている「人間は、もともとそんなに賢くありません。勉強して修行して、やっとまともになるのです」ということばが身に染みてきます。

でも、感情的になったり、迷ってしまったときに、人は六道の世界を行ったりきたりしている、つまり、変化しているということを知っていれば、ずいぶんと一日のすごし方が変わってくるように思います。

仏教では、この世のあらゆる存在や現象は、永遠に固定されることなく、つねに生死の変化をくり返していることが諸行無常であり、これに気づかずに、何かにこだわったり、執着するから悩み苦しむと説いています。

こころの
習慣
28

「孝行」の気持ちを忘れない

「子殺し」「親殺し」といった
悲しい事件が発生するのは
そのほとんどは、
荒れた親子関係に大きな原因がある。

最近、日本に帰国した際に、よく見聞きするのが「子殺し」「親殺し」という暗いニュースです。動物の世界にでさえみられぬ、こうした事件が相次いでいる原因はいったい何なのでしょうか。「心の生活習慣病」のようなものがまんえんしているように思えてなりません。

「いじめ」という、かつてあまり大きくクローズアップされなかった問題も続発しており、家庭に限らず、集団の秩序もくずれてきているようで、日本の社会秩序や伝統的な文化まで底から崩壊するのではと心配してしまいます。

昔は、教育勅語や修身などがあって、封建的だといわれながらも、それなりに道徳や秩序が守られ、子殺し、親殺し、自殺に追い込む「いじめ」などという事件は、あまり起きることはありませんでした。

こうした事件が発生するのは、社会や政治、あるいは学校や教育制度が悪いせいだといっている人も多いようですが、そのほとんどは、荒れた親子関係に大きな原因があるように思います。

家庭がしっかりしていて、子供のうちから親が親らしく見守り、しつけていれば、多くの事件は防ぐことができたはずです。

時折、日本に帰って電車などに乗ってみると、若者に限らず、大人たちでさえ、公共的なマナーが守れない人が多いことにおどろかされます。そして、そうしたときにいつも疑問に思うのは、この人たちはどういう家庭に育ったのか、どういう親に育てられているのか、どういう育て方をしたのかということです。

中国の春秋《しゅんじゅう》戦国《せんごく》時代につくられたといわれる『孝経《こうきょう》』という書物があります。また、中国にはインドから渡ってきた仏教を、中国の人々にも理解させ、中国の家庭制度や家族制度にもなじむようにするため、中国古来の儒教思想なども取り入れた『父母《ぶも》恩重経《おんじゅうきょう》』という経典があるのですが、この経典には『孝経』からの、たとえば次のような引用がいくつもみられます。

「親を愛する者は人をにくまない。親を敬う者は人をあなどらない」

「親に仕えるには心から親を敬い、老いて養生するときは歓《よろこ》びの心を忘れないようにし、病んで寝込んでいるときには、顔色やふるまいにまで心を配り、亡くなったときには、なげいて心から悲しみをあらわせ」

「親に孝行できる者は、人の上に立っても傲慢《ごうまん》にならず、人の下になっても秩序を乱さない。民衆のなかにいても競い争うことはない」

「孝行」などというと、年輩の人は戦争中の日本を思い出して、たちまち拒否反応を起こすかもしれませんし、若い人は、そもそもその意味さえ知らないかもしれません。

かなり前のことになりますが、日本から私の寺に遊びにきていた高校生に「親孝行」と書いてみなさいというと、「親」は書けても「孝行」と書けない子がいたのでおどろいたことがあります。

ことばを知らないということは、その意味も、その行為も知らないということになるので、高校生にもなって、人生や人生観の根ともいうべき、もっとも重要なことが欠けているようで不安になりました。

この民主主義の時代に、何をいまさら古いことをいっているのだと思われるかもしれませんが、私がいまいるハワイ、あるいはアメリカ本土でも、アメリカ人の生活をみていると、多くの家庭が父親を中心にして、マナーも心づかいも限りなく儒教的になっている感じがします。

儒教は封建制度に都合のいいように仕組まれた思想だともいわれています。しかし、理想的な社会秩序というものは、儒教の教えとほとんど無関係な形で、おのずと儒教的になるのだろうと思います。

日本のとくに若い人に、いつまでも「孝行」の心を忘れずに「心によい習慣」としてほしいものです。

親を愛する者は
人を恨まない
親を敬う者は
人をあなどらない
親に親しむ者は
人と争わない

Children who love their parents, won't hate anyone; children who respect their parents, will respect everyone.

『父よ母よ　命ありがとう』（里文出版）より

こころの習慣

29

食べたいものがあれば、まず相手に与える

好きなことは自分に向け、
悪いことは他人に与えようとして、
かえって地獄の飢餓のように
苦しんでいるのが私たち。

だいぶ前、テレビで伊勢神宮のお供え用の食器などをつくる職人さんの話が紹介されたことがあります。

その際、面白いと思ったのは、神さまが使う箸の長さでした。

テレビの画面でははっきりとした寸法はわからなかったものの、一メートル以上はあったでしょう。天照大神さまがどのくらい大きな方か知りませんが、美しい女神が、あんなに長い箸を使ってどうやって食事をされるのか、興味をひかれました。

仏教でも、あの世に行った人たちは長い箸で食事をするといわれています。長ければ途中を持って使えばいいようですが、あの世ではそんな自由はありません。

まず、地獄をのぞいてみると、亡者たちがその長い箸で懸命に食べ物を自分の口に入れようとしています。しかし、両腕を広げたほどの長い箸では、とても口元まで食べ物を運べないでいます。

それでも食べたい一心で、腕を曲げたり伸ばしたり、口を大きく開けたりしていますが、おそらく、永久に食べ物を口にすることはできないでしょう。

では極楽ではどうかというと、二人ずつ向かい合っておたがいに自分の食べ物を相手の口に入れていきます。食べたいものがあれば、まず相手の口に入れてあげます。すると相手は、自分の皿からそれをつまんで長い箸で返してくれるという具合です。

地獄の人たちも、こうすれば楽しく食事ができるのに、自分の欲しか考えないところが地獄だということで、まさに「心に悪い習慣」を物語っています。

伝教大師は「悪事を己に向け、好事を他に与え、己を忘れて他を利するは慈悲の極みなり」ということばを残されています。

このことばの意味を反対にとらえれば、われわれ凡人は己を忘れるどころか、ますます自分の欲を強くして、好きなことは自分に向け、悪いことは他人に与えようとして、かえって地獄の飢餓のように苦しんでいる、ということになるでしょう。

こころの
習慣
30

ほんとうの慈悲を与える

「慈」はきびしさをともなう父親の愛。
「悲」はともに泣いたり悲しんでくれる母親の愛。

アフリカの飢餓で苦しむ人たちの難民キャンプに、上空からヘリコプターが食糧などの支援物資を落とすシーンを、多くの人がテレビでみた記憶があると思います。その光景は、みていて胸が締めつけられるようですし、救援隊の仕事のたいへんさも伝わってきます。

けれども、これは世界中が協力してやらなければならない問題で、救援活動が先決であるものの、根本的な解決策を同時に即実行しなければ、一方的な施しに終わってしまうのではないかと思います。つまり、それは重病人にカンフル注射を打ち続けているようなもので、根本的な治療にはなりません。

たいせつなのは、救援物資をできるだけ豊かにすると同時に、難民が自立するように支援することでしょう。当地の役人が、「われわれはトウモロコシのカンヅメよりも、トウモロコシの種がほしいのだ」といっていたことが忘れられません。

そこで、ちょっと話は飛躍しますが、お釈迦さまが説かれた「慈悲」を考えてみますと、その慈悲は、キリスト教圏での「チャリティ」とか「ボランティア」活動で示される「愛」とやや違っているところがあるように思います。

先に親の恩について説いている『父母恩重経《ぶもおんじゅうきょう》』についてふれましたが、このお経のなかに「父には慈恩があり、母には悲恩があり」ということばがみられるように、仏教が説く「慈」は父親の愛、「悲」は母親の愛をさしています。

父親の愛は、きびしさをともないながら、まわりの危険から守ってくれ、衣服や帯を与えてくれるような愛。母親の愛は、あくまでやさしく、ともに泣いたり悲しんでくれる愛。そうした両方の愛を仏教では「慈悲」といい、あまねく慈悲を施すお釈迦さまは、まさに大慈悲心の持ち主とされています。

一方、キリスト教が説く愛は、神の慈愛にこたえて施す隣人愛や神への愛をいうのですが、ただひたすら愛することを説いているところが、仏教が説く慈悲とニュアンスがすこし異なっているように思います。

もちろん、ここで、仏教が説く慈悲とキリスト教が説く愛に優劣をつけるつもりなど、さらさらなく、比較する気もありません。ただし、キリスト教圏におけるチャリティとかボランティアという活動には、善行を施せば救済が得られるという期待感とか、神にたたえられたいという意識が感じられ、人のためというより、むしろ自分のために行っているのではと思われるところがあるように思います。

慈悲心は自然に起きるようでなくてはなりませんし、また、一方的に慈悲を与えるということだけでもありません。なぜなら、困っている人に物を与えるのも慈悲に違いありませんが、そこに、ともに慈しみ、ともに悲しむ心がともなわなければ、ほんとうに慈悲を施すことにはならないからです。

昔は日本も、となり近所と親しくつき合い、助け合うのが当たり前でした。隣人愛がいたるところで示され、「心によい習慣」がしっかりと根づいていたものです。ところが経済的な成長とは裏腹に、次第に慈悲の心がうすれてきているように思います。

父には
いつくしみの恩
母には
かなしみの恩
その恩
山よりも高く
海よりも深し

Father is love, Mother is compassion.
Without Father, I wouldn't be born.
Without Mother, I wouldn't be nourished.

『父よ母よ　命ありがとう』(里文出版）より

こころの習慣

31

其中一人《ごちゅういちにん》を貫く

どんなに危機的な状況に陥っても
しっかりした人がひとりいれば
船が沈むことはない。

「其中一人」とは文字どおり「其《そ》の中の一人」ということで、観音経にあることばです。観音経には「大海のなかで船が暴風にあっても、その船のなかにしっかりした人がひとりいれば船は沈まない」というようなことが書いてあります。

私は、ほとんど毎月のように日本とハワイを往復していて、飛行機のなかでいろんな人に出会います。

一五年ほど前にこんなことがありました。

私は、いつも飛行機はエコノミーの一番安いチケットで乗っているのですが、マイレージとかで何回かに一度はグレードアップしてもらうことができます。そのときは、原稿に追われていましたので、グレードアップしてもらってビジネスクラスかファーストクラスに乗っていたと思います。

席に座るとすぐに原稿を書きはじめましたので、となりの席にどんな人が坐《すわ》っていたのか、まるで気づきませんでしたが、四、五時間して原稿が一段落したところで休もうとしていましたら、となりの方から「日本にお帰りですか」と聞かれました。「いや、私はこれから日本に行くところです」と答えて、改めてその方をみますと、濃紺の背広をきちんと着こなした四〇代後半かと思われる立派な紳士でした。

国際線でこんなにきちんとした服装で乗っている人はめずらしいので、私は反射的に「えひめ丸事件の調査か何かでこられたのですか」と聞くと、「いや私はホノルルに飛行機を運んできたパイロットです」とのこと（えひめ丸事件とは、日本時間の二〇〇一年二月一〇日に、米合衆国ハワイ州のオアフ島沖で、愛媛県立宇和島水産高等学校の練習船『えひめ丸』が浮上してきたアメリカ海軍の原子力潜水艦『グリーンビル』に衝突され沈没した事件）。

それでいろいろ聞いているうちに彼はＪＡＬの機長さんで、日本に帰るところだということがわかったのですが、ＪＡＬの機長さんなら、前年、静岡の上空でおきたニアミスのことを、ぜひ聞いてみたいと思いました。

「あの事故のとき機長の判断が間違っていたら、すれ違った二機の乗客乗務員何百人が亡くなる大事故になっているところだったのに、その機長の判断ミスとかで、ケガ人が出たとか、非難ばかりされていますけれど、私たちからみればむしろ国民栄誉賞ものだと思うのですが、なぜ誰もほめないのですか?」

すると彼は「お客さまからそういっていただけると、私どもとしてはたいへんありがたいことです。実際、あのときの機長はベテランで、結果的には機長の判断で空中衝突を防ぐことができたわけですが、地上に降りてからの判断や報告の手続きなどで、いろいろ責任を問われる格好になってしまったんですね。とても残念なことですが」という答えを返してきました。

あのとき、管制官の指示が間違っていたか、衝突事故防止装置がどうなっていたかといった問題はあったにしても、とにかく機長のとっさの機転で大事故が防げたということは事実ですから、私などは、その機長が神さまみたいに思えたわけです。

それで私は、この機長さんに「観音経というお経のなかにこういうことばがありますよ」といって、テーブルの上にあったペーパーナプキンに「其中一人」と書いてさし上げたのです。その意味を簡単に説明すると、彼は「後輩たちの指導にも役立たせていただきます」といって、そのペーパーをていねいにたたんでポケットにしまうと、こういうことをいったのです。

「八二年の羽田沖の事故のこと覚えていますか。あのときの副操縦士が私です。あのとき機長は幻覚症状におちいっていたらしく、羽田空港のずうっと手前で飛行機をぐっと下げたのです。機長何をするんですかと、私は操縦桿《そうじゅうかん》を一杯に引いたのですが間に合わずに、胴体の下半分が削りとられ、機体が半分に折れた格好で空港手前の海に着水してしまいました。

私はすぐ操縦席を出てお客さんを助けだそうとしましたが、どこか骨折したらしく動けないんです。それでもはい出て、お客さんたちを脱出させようとがんばっていたら消防隊の人が入ってきて、『あなたはケガをしているのですから早く脱出しなさい』というのです。

私はそのとき何のためらいもなく、『お客さんも大ぜい亡くなったそうだから、私も死ぬのは当然だ』と思い、『私はこの飛行機に残る』といいました。するとうしろで『私も残ります』とスチュワーデスがいったので、消防士は『あんたが残るなんていうから、この人までそういうことをいうじゃないですか、この人まで殺す気ですか』といって私を機外に押し出したのです。

あのときのスチュワーデスのことばで私の人生観は変わりましたね」

私はこの話を聞いて、副操縦士だったこの方もスチュワーデスさんも観音さまだ。まさに「其中一人」だなと思いました。

「心によい習慣」がついている人は、いざというときに「其中一人」の責任を果たすことができるということでしょう。

どんな
悲しみにも
それに
ふさわしい
深い幸せが
きっと
ある

In any deep-seated suffering or sadness,
there is, without a doubt, a happiness
that is a worthy counter.

『生きるとはなぁ』（里文出版）より

第4章

たいせつにしたい さまざまなこと

こころの習慣

32

豊かな感性を育《はぐく》む
ことばを身につける

どんなに感性が豊かでも、
その感性をのばすには、
ことばも豊かでなくてはならない。

赤ん坊は生まれてしばらくのあいだ、お腹がすいたり、眠かったり、どこか気持ちが悪いというようなことを泣いて伝えます。まるで泣くことが唯一のコミュニケーションの方法であるかのようです。

その後、成長するにしたがってことばを覚え、カタコトでも自分の気持ちを表現できるようになり、どんどんことばの数がふえていきます。つまり、次第にことばを覚えるにつれて人間らしくなっていくわけで、ことばを知らなければ知識を得ることも、知識を伝えることもできません。

そして、たいへん重要になるのが、子供のときに覚えることばです。

いつも聞くことばが乱暴であれば、乱暴なことばを話すようになりますし、いつもまわりからかけられることばがやさしかったり、よいことばであれば、そのような話し方ができるようになります。

また、どんなに感性が豊かでも、その感性をのばすには、ことばも豊かでなくてはなりません。しかも、よいことばをたくわえていくことによって、よい性格と品格がそなわっていきますから、ことばをたいせつにする教育がきわめて重要になるのです。

人は誰でも見聞きしたり、読んだことをことばとして覚えていきます。

つまり、ことばイコール知恵であり、ことばこそが人を成長させ、その人の性格や考え方を形成し、「心によい習慣」をつける大もとになるといって過言ではないのです。

ことばといえば、思い起こされるのがヘレン・ケラー（一八八〇～一九六八）です。五五年前の映画『奇跡の人』を覚えていらっしゃる方も多いと思いますが、生まれつき視聴覚がないという重い障害を負いながら、世界各地を回って身障者の教育・福祉につくしたアメリカの教育家・福祉事業家です。

彼女は献身的な家庭教師アニー・サリバンから指文字とことばの教育を受け、ついには絶望視されていた「話すこと」をマスターし、歴史に名をとどめた偉人として知られています。

そうした彼女が残した次のことばが印象的です。

「ことばというものがあるのを、はじめて悟った日の晩、ベッドのなかで私はうれしくて、このときはじめて『早く明日になればいい』と思いました」

まさに、ヘレン・ケラーは「ことばが人を成長させる」ということを体現し、それを証明した人だったと思います。

こころの
習慣
33

ほんとうのことを教えさとす

課題から正解に直結する方法を教える教育は、
「なぜ」「どうして」という
疑問の芽を摘み取ってしまう。

成長するにしたがって、どんどんことばの数がふえていく。つまり、知識の幅が広がっていきます。しかし、得た知識が深いものか浅いものか、あるいは本物かニセ物かということになると、どうでしょう。

やはりこれは、今の日本における教育のあり方に問題があるように思えてなりません。一時、「ゆとり教育」ということがいわれていたようですが、相変わらず日本では「詰め込み教育」が続いている気がします。

生徒・学生に、課題から正解に直結する方法を教えることがベストの教育であるかのように誤解していて、「なぜ？　どうして？」という疑問の芽を摘み取ってしまっていないか……。ハワイにいて、こちらのゆったりとした様子の大学生、ハイスクールの子供たちをみていて、どうしてもそう思ってしまいます。

たしかに知識の幅が広ければ、新しく知ったことを、それまでの知識をベースに、みたり読んだりして理解しようとするわけですから、それはいいことかもしれません。しかし、「ほんとうのことがわかる、わからせる」ということが、教育ではもっともたいせつになり、「心によい習慣」をつけることにつながるのです。
よくよく考えてみれば、「なぜ？　どうして？」と考えさせない教え方は非常におそろしいことで、そうした例は私たちの周囲でもよく見受けられます。次の話は、知人からうかがって大いに興味をひかれた話です。

その知人がローカルの電車に乗ったところ、すぐとなりに親子連れが座っていて、子供が「ちょっと窓をあけてもいい？」と母親に問いかけていました。しかし、まだ小さい子供は、どのように窓をあけてよいかわからず、困った様子で母親を見続けていたそうです。

そして知人は、母親がどのように答えるか、大いに興味を持ったのですが、母親の対応は、なんと「ここをそこを握って平行に上げればいいのよ」であったといいます。もちろん、子供は母親のこのことばを感覚的には受け止めることができても「平行」の意味がわからず、ついに窓はあけられませんでした。

これは実にもったいない話です。母親が一緒になって窓をあけてあげさえすれば、子供はどうすれば窓があけられるかを、一瞬にして理解できたはずです。つまり、この母親はみすみす絶好の教育の機会を逃がしたことになります。いかにも教育ママ然としていながら、周囲の目を気にしてか、みずから動こうとしないこうした母親がいることは、まことに残念なことです。

この親子連れの話とは、正反対の話もこの知人から聞きました。

それは都内の地下鉄内での光景だったそうです。向かいの席に座った三～四歳の女の子と母親のやりとりに思わず心がなごんだのは、この話を私にしてくれた知人ばかりではなかったに違いありません。

女の子は退屈とみえて、ちょっとぐずりはじめていました。そうしたときのために用意しているのでしょう。母親が「○○ちゃん、飴食べる?」というと、女の子は「うん」という返事。そして、次に母親はどうしたかというと、「さぁ、どれ食べようか？」と、用意していた袋から飴を全部取り出して両手に広げてみせたそうです。

女の子はにっこりして「この色はどんな味？　こっちはどんな味？」と母親にたずね、ようやくひとつを口に入れて満足そう。ご機嫌は完全に直り、そのあと、じっと飴の包み紙をみつめていたといいます。

この親子のやりとりの素晴らしい点は、母親が飴を全部取り出してみせたことであり、その選択を女の子にさせたことですが、これはなかなかできないことでしょう。子供がぐずりはじめれば母親のイライラもつのり、子供への対応が手抜きになるのが普通で、こうした場合、母親は飴をひとつ取り出して子供に与えがちです。

私はこうした親子の話を聞いて、「教えさとす」「わからせる」ということのほんとうの意味がわかったように思いました。

分ってもいないのに
分っているようなことを
云う者は
他人を迷惑にし
自分を過まらせる

Those who think they understand while in fact they do not, tend to commit blunders and cause trouble to others.

『蓮華の花の咲くように』（里文出版）より

こころの習慣

34

情報端末に頼らない

ことばの量や質は、
子供のころからの
体験や教育によってつくられていく。
人間の品格は、
長年のことばや体験が身についてつくられていく。

私は、自分の展覧会の用などで日本によく帰国します。そうした折り、街を歩いていても電車に乗っていても気になるのが、ケータイ電話やスマートフォンなどのデジタル機器を操作する人たちが急速にふえていることです。

いろんな情報端末が出回っているので、どれとはいえませんが、メールを打つ人、文字情報を読む人、音楽を聴く人、ゲームをする人など、それらに集中している様子に違和感を覚えます。

人がたくさん行き交う駅の構内などでもおかまいなしで、自分の世界にひたっているのでしょう。すれ違う人たちへの気遣いなどまるでなく、まさに「我が道を行く」といった勝手さにあきれることがあります。歩いているときでさえ、寸暇を惜しんで情報端末にふれていなければ、何かに取り残されてしまうかのようです。

もちろん、なかには仕事や勉強、あるいは趣味や生活に役立つ情報を得たり、イヤなことを忘れるために音楽を聴いている人もいるでしょう。

しかし、自宅ではゲーム、勤め先などではパソコン、それ以外のところでもデジタル機器に対峙《たいじ》している。そうなると人間関係や他人への配慮、思いやりなどがどんどんうすれてしまわないかと、以前から思っていましたが、それ以上に心配してしまうのが、人間のたいせつな感性が後退しないかということです。

つねに視覚も聴覚も情報端末に〝うばわれている〟状態は、同時にことばもうばってしまうようで決してよいとは思えませんし、こうした「心に悪い習慣」が身についてしまうことによって、思考力や判断力がにぶってしまうのではと危惧《きぐ》しています。

たしかにさまざまな情報端末は、私たちの生活を便利にしてくれています。けれども、たとえばそれらでゲームをしている状態を考えてみてください。それは眼も耳も思考もゲームから楽しみを与えられている状態にすぎず、そこに自分の想像力が働く余地はほとんどありません。

想像力がうすれるということは、たいせつなことばを失っていくということにつながります。五感を通して感じた印象を、私たちはことばとして認識し、心を育んでいるわけですから、心はことばによってつくられるといってよいのです。

電車に乗っているときに、情報端末から与えられる楽しみに集中していれば、となりの席の人のことも、窓の外を流れる景色のことも、家族や友人、仕事のことなども考えることはありません。つまり、それは考えない「忘我」の状態だといえます。

これでは、心に受けた印象を表すことばの数も、その使い方も貧弱になる一方だという気がします。

ことばの量や質は、子供のころからの体験や教育によってつくられていきます。また、人間の品格は、善くも悪くも長年のことばや体験が身についてつくられていくものなのです。

したがって、ことばをたいせつにし、心を豊かにするということで考えれば、情報端末が与えてくれる楽しみは、ほどほどにすべきでしょう。

こころの習慣

35

ことばの乱れを正す

ことばが人を成長させ、
心はことばによってつくられる。

日本に帰国した際に気になるのが、ことばの乱れです。

「すごく速い」を「チョー速い」、「中途半端ではない」を「ハンパない」、「とてもきれい」を「すごいきれい」、「とても明るい」を「めっちゃ明るい」などなど、数えあげれば切りがないほどです。

また、「食べれる」などの「ら」抜きことば、「〇〇なんで」が連続することばづかい、「むかつく」、何でも「カワイイ」でくくってしまう表現なども気になります。

まあ、それでもコミュニケーションがとれているのだからいいのでは、という人もいるかもしれませんが、私のような年齢の者からすれば、やはりことばづかいは真っ当であってほしいと思います。

できるだけ簡単に自分の気持ちがストレートに伝わればいいと思っているから、こうしたことばづかいになるのかもしれませんし、ことばが持つ意味をいちいち考えるのが面倒だから、ここまでことばが乱れてしまったのかもしれません。

一方には、電子メールなどの影響もあるでしょう。手書きが面倒と感じる人がふえるとともに、口頭でいえばすむことも、メールを使う人がふえているといいます。

こうしたことばの乱れの背景には、やはり活字ばなれがあると思います。文字を読むことも書くことも急速に減ってきているから、こんなことになっているとしか思えません。

読み書きは、知識を得て、蓄える手段であり、考えることの大元ですから、その機会が少なくなるということは、すなわち考えなくなることに等しいといえます。

さらに、「考えない」ということでは、「ことばのマニュアル化」の影響もあるように思います。

たとえば、ファストフード店のカウンターなどで「こちらが○○になります」といったことばを耳にしますが、これなど「ことばのマニュアル化」の弊害の典型でしょう。オーダーした品物は目にすればわかるわけで、いちいち念押しする必要はありませんし、お客へのことばとしてふさわしいとはいえません。

ことばは、単に人と人をつなぐコミュニケーションの手段ではなく、意志や考え、心情をも伝える手段なのですから、もっとたいせつにする必要があります。

くり返しになりますが、ことばが人を成長させ、心はことばによってつくられる、ということを決して忘れてはなりません。

智慧のない
知識は
災害を招く
慈悲のない
施しは
恨みを招く

The desires of a person, who has knowledge but has not attained the supreme wisdom (Prajna), invite disaster and in the end they will burn the earth to ashes.

『蓮華の花の咲くように』（里文出版）より

こころの
習慣
36

無言の教えをたいせつにする

よいことばこそが
「心によい習慣」をもたらすが、
ことばの本質は、その人の心。

「三つ子の魂百まで」といいますが、幼い子供を持つ親御さんたちに、ぜひお願いしたいのは、やさしいことば、思いやりのあることばで、子供さんに毎日話しかけてほしいということです。

なぜなら、まずことばから教えていくことが教育の原点になり、よいことばこそが「心によい習慣」をもたらすからです。

また、まだよく話せない幼児やことばがあまり理解できない子供でも、心の内側でことばをさがしたり確認しているので、よいことばを多く聞かせることが非常に重要です。

ところで、「ことばにならないことば」のたいせつさにもふれておく必要があります。つまり「無言の教え」です。

「無言の教え」といえば、韓国映画『おばあちゃんの家』のストーリーを、格好の教科書として紹介したいと思います。日本では、東京の岩波ホールで上映され、テレビでも放映されていたので、ご記憶の方も多いでしょう。私も日本に帰国したさい、たまたまテレビでみて、たいへん感動した作品です。

季節は夏。ソウルに暮らす少年が失業中の母の職探しのあいだ、山奥にひとりで住む、口のきけないお婆ちゃんの家に預けられます。都会育ちの少年は、家もお婆ちゃんの服装もボロボロで、テレビもない生活にうんざりし、話すことも読み書きもできないお婆ちゃんに「汚い!」「バカ!」「さわるな!」などと罵声《ばせい》をあびせます。

少年は話すことができないお婆ちゃんを無視して、朝から晩までゲーム機で遊び、食事のときには持参した缶詰をおかずにご飯を食べ、お婆ちゃんがつくった漬物は口にしようともしません。

やがてゲーム機の電池が切れると少年はパニックに。お婆ちゃんに電池を買うお金をくれとたのんでも、現金収入のない彼女はお金など持っていません。お婆ちゃんは、少年の要求に応じられないときは、いつも「ごめんね」という意味を込めて、自分の胸をさすります。

やむなく、少年は昼寝をしているお婆ちゃんの髪からかんざしを盗み、それを持って村の雑貨店に行くもののゲーム機の電池はなく、その上、店のおじさんに盗んだかんざしだと見破られて頭をたたかれます。

その後、缶詰もなくなってしまい、何も食べようとしない少年を心配して、お婆ちゃんが身振り手振りで食べたいものをたずねると、少年は「ケンタッキー・フライドチキンが食べたい」とわめくばかり。すると、チキンだということだけはわかったお婆ちゃんは、雨のなか、カボチャと引き換えにニワトリを手に入れに出かけ、もどってくるとニワトリを丸ごとゆでるのです。

それをみて、少年は「こんなのケンタッキーじゃない」と泣きわめくので、また、お婆ちゃんは自分の胸をさすります。しかし、少年は手もつけずに眠ってしまうものの、夜中に空腹のあまり目を覚まし、ゆでたトリを夢中でほおばります。

その翌朝、前日に雨のなかを出かけたせいで、お婆ちゃんが熱を出してしまいます。不安にかられた少年は、毛布をかけたり、タオルで額を冷やしたりして、お婆ちゃんをかいがいしく看病します。

元気になったお婆ちゃんと少年は、町へカボチャを売りに行き、売ったお金でお婆ちゃんは少年の靴を買い、食堂では自分は何も食べずに、少年が美味《おい》しそうに麺を食べるのを満足げにみつめていたりします。そのあと、少年はたまたま町で出会った村の少女と、その友達の少年と一緒に先に帰ってしまい、バス停でお婆ちゃんを待つのですが、あとのバスにお婆ちゃんは乗っていません。

やがて、心配でいてもたってもいられなくなった少年の前に、やっとお婆ちゃんの姿があらわれます。お金を節約するために歩いて帰ってきたのです。

自分勝手だった少年も、お婆ちゃんのやさしさにふれているうちに、次第にお婆ちゃんを心から慕うようになります。そして、ソウルから母親が迎えにくることがわかると、苦労しながら針に糸を通していたお婆ちゃんのために、ありったけの針に糸を通します。

また、読み書きのできないお婆ちゃんのために、自分宛《あて》の絵入りのハガキを何枚も書いて、「僕に会いたいときはこれ」「体が痛いときはこれ」というように懸命に説明し、「そしたら僕はすぐに飛んでくるよ」とお婆ちゃんに手渡します。

バス停での別れのとき、少年はお婆ちゃんを振り返りながらバスに乗り込み、「さようなら」といおうとしますが、お婆ちゃんには聞こえるはずもありません。少年が一番うしろの席からお婆ちゃんに手を振り、その姿がみえなくなるまで、何度も自分の胸をさすってみせるシーンで、この映画は終わります。

この映画の韓国における観客動員数は四〇〇万人にも達したそうです。人の心の美しさを、文字どおりの「無言の教え」として描ききっていて、ことばの本質はその人の心だということを教えてくれる映画です。

こころの
習慣
37

過去に得た自分の知識を疑う

何ごとも「こうだ！」と決めつけてしまうと、
思わぬ間違いにおちいることがある。
謙虚で素直であれば、
いくらでも自分の「伸びしろ」は広がる。

ビジネスであれ学問であれ、これはすべての分野にいえることですが、教育には学ぶ側の姿勢という問題もあります。

そして結論から先にいうならば、その姿勢は謙虚で素直でなければならず、そうでなければ「なりたい自分になれない」といって過言ではありません。何かにつけて自分の物差しでしか判断しなかったり、それまでの知識や習得したことにこだわり続けていては、「ほんとうのことがわかる」ようにはならないのです。

たとえば、その端的な例が「職人の技」です。何年も修業を積んで自分のものにした技術には、知識だけではどうにもならない「勘」というものがあります。

世のなかには、生半可な知識をひけらかして一人前の顔をしている人がいますが、そういう人はそもそも、それだけの教育しか受けてこなかったといえるでしょう。やはり「三つ子の魂百まで」なのです。幼いときから謙虚で素直になるように教育する必要があります。

京都大学の麻生川《あそがわ》静男《しずお》・元准教授が、ご自身のホームページで、「学ぶ姿勢」について次のようなことを述べておられます。

私の授業を受ける学生のなかには、どうして私が正解を出さないのか、当初、大いに戸惑う者が多い。教師たる者、学生・生徒に問題の解き方を教えるのが当然ではないか、という表情をみせる者もいる。

しかし、私の授業は即解答を得ることを目的とする授業ではないので、それは無理というもの。なんとか自分の力で正解に行き着く努力をし続けてほしいといつも願い、そのような方向に行くようアドバイスしている。「なぜ？　どうして？」と疑問を抱き続けてもらうのが、私の授業の眼目であるからだ。

とはいえ、教育を「課題から正解に直結する方法を教えること」のようにとらえている学生は、すんなり私の授業に馴染《なじ》めない。つまり、教育に対する考え方自体が固定化しており、その縛りから抜け出せないでいる。そして残念なことに、知識が豊かそうにみえる学生ほどその傾向が強く、元々「学ぶ姿勢」に問題があったとしか思えない。

そこで、もうひとつ思い起こされるのが、大ベストセラー『バカの壁』の著者・養老孟司《ようろうたけし》先生が以前、在籍する大学の学園祭で行った特別講義のときの話です。これもまた人づてに聞いた話なので正確性に欠けるかもしれませんが、以下のようなことでした。

養老先生は遅刻しているとみえて、講義開始の時間がきてもなかなか現れなかったのですが、受講者はその大学の学生に限らず、年輩の婦人やサラリーマン風の人なども多く、大講堂は満杯の状況でした。

やがて何ごともなかったように登壇した養老先生は、専門の脳や解剖学についてではなく、平たくいえば「考え方や見方を変えると、まったく違ったものがみえてくる」というテーマで講義されていたようです。

そして講義終了間近、「何か質問は?」と養老先生が受講者に問いかけたところ、ひとりの女子学生が勢いよく立ち上がり、「先日、先生の授業でうかがった○○について私は○○と思いました。どうでしょうか?」と質問。

先生は「それはひとつの考え方であって……」というように応じたそうですが、その女子学生は、やや強い口調で「先生は私の質問に解答する立場にあるのでは……」と、しつこく返したといいます。その後、やや間があって養老先生は「君は所属する学部を変えたほうがいいかもしれない」といったそうです。

世間には一度得た知識を、そのまま鵜呑《うの》みにしてしまう人がいますが、その多くは、せっかく得た知識が変化するのを嫌い、自分の知識を意外に高く評価しているものです。いわゆる知識を鼻にかける「知ったかぶり」ということです。

しかし、一見して正しいと思える知識を疑い、別な角度からみることがほんとうの学びに通じるわけで、学問に限らず、何ごとも「こうだ!」と決めつけてしまうと、思わぬ間違いにおちいることがあるのです。

「ほんとうのことがわかる」ようになりたいと思うならば、謙虚かつ素直に、むしろ変化することを歓迎するようでなくてはならないでしょう。

謙虚で素直であれば、いくらでも自分の「伸びしろ」は広がり、「心によい習慣」を身につけることができるのです。

つまらない相手とは
争うな
できた人物には
媚《こ》びても
無駄だ

Refrain from haggling with frivolous people.
Cease flattering those who are accomplished.

『いい加減を知る』（里文出版）より

こころの習慣

38

「勘」を信じる

どうしても理解がおよばないこと、
人知をこえたようなことにも対応できるのが
「勘」という能力。
「勘」は基準や定義を変えたり、
新しくする想像力のみなもと。

脳について研究する人たちが、よく右脳・左脳の役割分担を説明しています。大ざっぱにいって、右脳は直感的な認識や想像的な思考、感情的な分野をつかさどり、左脳はことばの理解や数学的な思考、論理的な分野をつかさどっているとされています。

そして、この右脳と左脳の役割を比較すると、どんどん時代が進むにつれて、知識はあっても右脳的な思考力に欠け、人間関係や社会道徳に無関心な人がふえているといわれています。

そこで、知識がふえて論理的な思考力が高まるのは結構なことですが、すでに前項でもふれたとおり、知識だけではどうにもならないことがあることを、今一度、強く認識する必要があると思いますし、感性をより豊かにするようにして右脳をきたえることがたいせつだと思います。

私たちは、すでに長いあいだ効率性とか利便性などを優先することになれてしまっていて、何ごとも論理的・科学的にすじが通った形で判断しようとしがちです。

とくに、利潤追求を目的とするビジネスにおいては、誤差とか予想外のことが許されないところがあります。

私はかねがね、右脳の働きを「アナログ思考」、左脳の働きを「デジタル思考」に置きかえて講演会などで説明するようにしていますが、デジタル化があらゆる分野で急速に進むにつれて、反対に、あまり手がかりのない状態から試行錯誤しながら考えていく力が後退していっているように感じています。

個人も企業も、何かに取り組むときには、その両方の総合力がものをいうのであって、なんでも科学的に割り切った基準で物事を判断しようとする「デジタル思考」にかたよるのは、「科学万能主義」的な危険性をはらんでいるとも思います。

その端的な例が原子力発電です。

福島の原発事故は、予想外の自然現象に対応しきれなかったために発生しています。余談ですが、ノーベル賞を受賞した物理学者の故・湯川秀樹さんは、記事にしてもないことを前提に「原子力発電は感心しません。放射能の怖さをもっと認識してもらわないと。平和利用、平和利用というが、そんなに生やさしいものではありません」と、半世紀以上も前に発言しています。

右脳（アナログ思考）と左脳（デジタル思考）は、つまり、相互に関係し合って機能しているわけです。そして、私たちはどうしても理解がおよばないこと、人知をこえたようなことにも対応できる「勘」という能力をそなえています。

「勘」は基準とか定義を変えたり、新しくする想像力のみなもとといえます。

ちなみに、数学は論理的に考える学問の代表のように思われていますが、日本を代表する数学者の故・岡潔さんが「数学は情緒」とおっしゃっていたことが思い出されます。

人類は、どうしても割り切れないことについても、想像力を発揮し、例外的な基準や定義を設けることにたけていて、その代表的な例が「うるう年」です。「うるう年」は洋の東西を問わず、陰暦にしても太陽暦にしても、大昔から自然と共生するために人類が生み出したすばらしい知恵です。

そこで「勘」についてよく考えてみますと、実に理にかなっているというか、暦と同じように自然と共生するための知恵であり、表現はおかしいかもしれませんが「超科学的」な感じがします。

有名な宮大工の故・西岡常一《にしおかつねかず》さんが、法隆寺の五重塔を解体復元したときのことだったと思いますが、その仕上がりの全容をみて、ある人が「予定していた高さより、いくらか高いのでは」といったところ、西岡さんが「あと百年もすれば丁度よい高さになる」と応じたという逸話があります。木の習性と年月によって生じる誤差を読み切った、まさに「職人の技」がそこにあったわけです。

要するに私たちは、知識だけでは解決できない物ごとや予想外のできごとに遭遇することがあるので、小さいときから自然に接したり、感動を与えてくれるものを見聞きして、感性をみがくことが、いかにたいせつかということです。

失敗して
利口になる
挫折《ざせつ》して
強くなる
人生に
無駄は
ないんだな

Learn from your mistakes, Become stronger
from your misfortunes, Nothing is futile in life.

『生きるとはなぁ』（里文出版）より

第5章

百年先の未来も変わらぬもの

こころの
習慣

39

すべては「人のため」

人のために行っているとは気づかなくても、
すべては自然に「人のため」に行きつく。

これはたいへんな命題です。

多くの人が、思春期をむかえ、世のなかのことや将来のことなどを考えるようになると、ふと、「何のために生きているのだろう」という思いにかられ、不安と希望が入りまじったような複雑な気持ちを味わっているはずです。

そして、やや年月がたつと、生きるための確証のようなものがほしくなって、読書のなかに答えを求めたり、何かに打ち込みはじめたりして、より具体的な行動を取ろうとします。まさに青春の「悩める時期」です。

それは、鳥の巣立ちに似ていて、早くひとり立ちしようともがく時期なのですが、運よく好きなこととか、自分に向いているものがみつかり、自信のようなものが得られれば、自立への第一歩を踏み出すことができるでしょう。

けれども、よくよく考えてみれば、こうした時期の問題意識は自己中心的というか、あくまでも自分に向けられたもので、多くの場合、他者は含まれません。

したがって、やがて自立して社会人になったとしても、依然としてこの大命題は続き、むしろ社会人になったときのほうが「何のために生きるのか」という意識が強くなるはずです。

そこで、この大命題への答えを思いつくままにあげますと、家族・仕事・お金・スポーツ・趣味・豊かな老後、学問・芸術・信仰といったキーワードがまず浮かんできます。なかには欲望・未来・真理探究といった抽象的な答え、まったくわからないという答えもあるでしょう。

さて、答えは人それぞれで千差万別といえますが、すべてに共通する最終回答は「人のため」。すべての人は「人のために生きている」が答えです。

なぜ、こういう答えが導き出されるのかといえば、先にあげたキーワードのすべては手段であって、「人のため」に行っていないことなど何ひとつないからです。

歩いていても食事をしていても、人と会話しているときも、あるいは寝ているときでさえ、最後には「人のため」ということにつながっているのです。

たとえば、一枚のハンカチをみても、原材料をつくる人、糸を紡ぐ人、糸を染める人や織る人、織る機械をつくる人、店で売る人など、数えきれないほどの人がかかわっています。そして、それをつくったり売ることが目的のひとつではあるものの、何のためにハンカチが存在しているのかといえば、「人のため」です。

このような説明に「えっ?」と思われる方もいるかもしれません。

しかし、そばにあるハンカチのようなもののひとつをとっても、多くの人とかかわっていて、自分もそうした人と何ら変わらないことがみえてきます。

つまり、自分のためと思って何かを行っていて、人のために行っているとは気づかなくても、すべては自然に「人のため」に行きつきます。

原始仏典の『相応部経典《そうおうぶ》』に、「それが存在するとき、あれも存在する。これが生起するとき、あれも生起する。これが存在しなければ、あれも存在しない。これが滅すれば、あれも滅する」ということを説いた一文があります。

これは、たとえば自分という存在は、他人がいなければ存在しないが、他人にとってもそれは同じことで、すべての存在はおたがいに関係し、依存しあって存在し、生成・死滅をくり返している、ということを説き示していて、「自」と「他」は同じであり表裏一体であるという教えなのです。

この明快な真理がわかれば、自我とか執着にとらわれることなく、他人にも自分自身にも寛容になれると同時に、「心によい習慣」がついて、すべてをゆったりと大きく観ることができるようになるはずです。

こころの
習慣
40

自在を観る

人生でもっともたいせつなのは、
自分自身を観ることと、
自由自在に行動できることが両立すること。

中国天台宗の開祖、智顗《ちぎ》によって書かれた『摩訶止観《まかしかん》』という書物があります。智顗は大乗仏教の思想を体系化し、悟りにいたるための方法を大成した徳の高い高僧として知られ、その命日は毎年、いまでも日本の比叡山《ひえいざん》において「霜月会《しもつきえ》」が行われているほどです。

この書物のなかで、仏教においては「暗証《あんしょう》の禅師《ぜんじ》」でも「文字《もんじ》の法師《ほうし》」でもだめだということが強調されています。これは、坐禅《ざぜん》だけしていても、仏典を読んでことばたくみに説法ができたとしても、自分が到達した境地が本物かどうか、悟りにつながるかどうかわからないという指摘です。

そして、この「暗証の禅師」と「文字の法師」は、仏教の世界に限らず、いつの時代にもいるもので、たとえば、懸命に考えぬいていろいろ行動しながら「自分探し」に終始しているような人は暗証の禅師、必死に情報収集ばかりして、逆になんの行動もとれない頭でっかちの人は文字の法師といえるでしょう。

若い人たちのなかには、「自分に何ができるか」「何が自分に向いているか」と、最初から自分の可能性をせまくとらえて、迷っている人が多いように思います。

何か違う行動を起こせば、自分は変われるはずだと海外旅行に出てみたり、ボランティア活動をしてみたり、インターネットにかじりついて事情通になったと思い込んだり、それは一見、前向きな姿勢にみえます。

しかし、何もしないよりはすこしはましだとはいえ、その姿は一日中修行に没頭さえしていれば、やがて悟れるはずと勘違いしている暗証の禅師や文字の法師となんら変わりません。

もっともたいせつになるのは、自分自身を観ることと、自由自在に行動できることが両立することで、その両立こそが智顗が強調するところの「止観」なのです。

もっと平たくいえば、止と観を別々に考えてはいけない。人にはあらゆる可能性があるので、何ごともこうだと決めてかかってはダメだということです。

また、日本人ならば誰でも「観音さま」のことは知っていると思いますが、正式には「観世音菩薩《かんぜおんぼさつ》」という名前です。

菩薩とは、仏になる一歩手前の存在であり、仏になるために人々を救う修行「菩《ぼ》薩行《さつぎょう》」をされていて、『法華経』には、「観音は人々の苦難や危機を察知して、さまざまな形で現われて衆生《しゅじょう》を救う」と記されています。

そして、観音さまは「観自在菩薩《かんじざいぼさつ》」という別名を持っているのですが、この「観自在」ということばにこそ、「止観」の本質が秘められているのです。

つまり、そのひとつは「自在を観る（心を静かにして、自分自身の状況をありのままにみきわめる）」ということであり、もうひとつは、「自在に観る（自由自在に世界をながめ、心が求めるままに行動する）」ということです。

前者は「静」、後者は「動」。この両方をあわせ持つことを智顗は「止観」といっているのです。

これを、日ごろの行動に置きかえてみると、自分が置かれている状況やかかえている問題をきちんと認識できても、じっと考えてばかりいてはいけない。かといって行動すればよいと思って、むやみに動き回るのもよくないということになります。

こころの
習慣

41

物ごとを絶対化しない

自我を固定化し、
多くの物ごとを絶対化するところに、
自分に執着するという「苦」が生じる。

この世のなかのあらゆる物や現象は永遠に変わらないということはない、とお釈迦さまは説いておられます。

このことを説明するために、私が目の前にある、たとえばコップなどをさして「これも変化している」というと、皆さん驚かれますが、一見、変化しないと思われるコップでも鋼鉄やダイヤモンドといった物質でも、自然や地球、宇宙と同じように変化しているのです。

また、現代の粒子《りゅうし》物質学でも、あらゆる物質は生成と死滅をくり返していることが証明されていて、永久に変化しないものはありません。

簡単な話、目の前のコップひとつをとっても、地球規模で考えれば、地球は自転していますわけですから、その位置は時々刻々と変わっていて、明日、何かの拍子に粉々になってしまわないとはいいきれませんし、もちろん、劣化が進むなど物質的にも変化しているわけです。

お釈迦さまの「この世に変わらないものはない」という教えは、般若心経《はんにゃしんぎょう》にある

「是諸法空相《ぜしょほうくうそう》」という一句に凝縮されています。「この諸法は空相なり」と読むことができ、その意味は、「この世に存在するすべてのものには、固定された永遠の実体というものはなく、つねに変化し流転している」ということです。

「空相」とは、私たちが目にするすべての物や現象の真実の姿（実相）は、すべて「空」だということで、私たち自身も「空」であるとしています。

あらゆるものが生成と死滅をくり返していて、人間の一生もまた同じであり、「空↓誕生↓成長↓円熟↓老衰↓死↓空」と、体も心も変化し続けているというわけです。

たとえば、私たちの体は、古い血液や死んだ細胞を新しいものにかえていく新陳代謝によって生命を保っています。この新陳代謝が止まれば死をむかえることになるのですが、新陳代謝は生成と死滅のくり返しですから、そこに起こる生と死の連続が生そのものであり、ゆえに生命は生まれもしなければ滅びもせず、ただ変化しているということです。

「空」の実相については、江戸時代の盤珪禅師《ばんけいぜんじ》が「鏡はいろいろな色を映すけれども、鏡そのものは無色であり、この無色ということが『空』の実相であって、それは人の心そのもののようだ」と説いています。

また、般若心経には「色即是空《しきそくぜくう》」と「空即是色《くうそくぜしき》」という有名な対句があり、前者は「あらゆるものが空である」、後者は「空はあらゆるものでもある」ということで、この両者によって、この世も私たち人間も成り立っているということを教えています。

「色」と「空」は表裏一体と解釈すればいいでしょう。

私たちは体と心を持ってこの世に生きています。

この世を離れて、私たちの体も心も存在しません。しかし、この体も心も、この世のすべての物や現象も生成と死滅の変化をくり返しているのだから、私たちの体も心も、この世のあらゆるものも「空」であり、「空」であるから私たちは存在しているということです。

般若心経が説く「空」の実相は、無常ということばに置きかえてもいいでしょう。無常といえば、私たちはすぐに平家物語の「祇園精舎《ぎおんしょうじゃ》の鐘の声、諸行無常の響きあり」という、人生のはかなさをなげいた文章を連想しますが、無常の本来の意味は、鴨長明《かものちょうめい》の『方丈記《ほうじょうき》』に表現されている「ゆく河の流れは絶えずして、しかももとの水にあらず」という世界観に近いでしょう。

人の意識はもちろん、この世のすべては時の流れとともにつねに変化し、何も固定された実体というものはないという「空」の真理を記しているからです。

原始仏典の『テーラガーター』という書物に「無常であると観じることを修せよ」ということばがあります。なぜ無常について学べといっているかというと、自我を固定化し、多くの物ごとを絶対化するところに、自分に執着するという苦が生じるからなのです。

物ごとを固定化してみない、こうだと決めつけて絶対化しないように努め、「心によい習慣」としていきたいものです。

こころの習慣

42

無常を知る

この世のすべては
生成と死滅をくり返す。
大切な人とも
いつか別れるときが必ずくる。

私は福島県郡山市《こおりやま》の田村町というところで生まれ、一〇歳になってまもなく、須賀川《すかがわ》市内にある天台宗の寺に小僧に出されました。この寺の子供三人は娘さんばかりで、和尚がよく我が家にきていて、父親と気が合っていたことから、次男の私にその寺の後継ぎの白羽の矢が立ったわけです。

私が生まれた家の裏山からは、遠く西の方に安達太良山《あだたらやま》や磐梯山《ばんだいさん》がのぞまれ、近くには海抜六百メートルの低い山ながら、その姿が美しい「阿野山《あのやま》」がみえました。「田村」という名が征夷大将軍《せいいたいしょうぐん》坂上田村麻呂《さかのうえたむらまろ》に由来しているように、阿野山という名も田村麻呂が「あの山にエゾがいる」といったことから「あのやま」になったと伝えられています。

須賀川の寺に行ってからしばらくは、たまに実家に帰ることができましたが、一二歳で出家してからはほんとうに家に帰れなくなり、私が初めて正式にお経を習ったのはこのころのことです。

まず一番短い『舎利礼文《しゃりらいもん》』というお経を教えられ、暗記ができるとお墓参りにこられた人とお墓にいって、ひとりでお経をあげさせられました。短いお経ですから三回くらいくり返して、チーンとやって終わります。くりくり頭の小坊主が黒い衣を着てお経をあげるわけですから、お参りにきたお年寄りたちから可愛がられ、お墓に行けば別に五銭、十銭とお布施をいただきました。

次に習ったお経は『般若心経』でした。これも短いお経ですが、小学生にはむずかしく、暗記して人前であげられるようになるまでに三、四カ月かかりました。

そして、そらでいくつかのお経をあげられるようになると、普段は和尚と一緒でも、和尚が忙しければ、私ひとりで葬式や法事をしなければならないときもありました。

あるとき、近くの村で赤ん坊が亡くなり、和尚がほかの法事で忙しいので、私がいくことになりました。しかし、近いといってもその村までは一里半。子供の足ではかなりの道のりでした。塔婆《とうば》や位牌《いはい》を子供の私がどうやって書いたものやら、ともかく幼い字で和尚に教えられたとおりに書いて、お経をあげることにしました。

葬式はどの葬式も悲しいものですが、子供の葬式はとくに悲しく、若い母親が泣きながら子供のひつぎにしがみついて離れません。それをみて、私ももらい泣きしてお経にならなくなってしまいました。

その帰り道、須賀川への峠にさしかかると、あの「阿野山」がみえるではありませんか。私は思わず、「かあちゃ〜ん」と叫んで、こんどはほんとうに泣きました。思えばあのとき、母親が私のことをいとおしく思っていてくれるはずだから、それが恋しくて泣いたのであり、赤ん坊と若い母親の別れがせつなくて、涙が止めどなく流れたのですが、いつかは私も母親と別れるときがくるという、無常を知ったのかもしれません。

あとで、「ひとりで葬式をやるのはイヤだ」と和尚にいいましたが、かえって檀家からは「子供の法事は小僧さんの方がありがたい」ということでご指名にあずかり、私がイヤがっていると、おかみさんからも「そんなことでは偉いお坊さんになれないよ」と諭され、はげまされて、泣く泣くこの峠を何度も往復することになったのです。

あれから八〇年余の歳月が流れました。一九歳のときに須賀川を離れ、仙台の寺に移り、さらに東京に出て、その後ハワイへ。歳とともにふるさとから遠のいてしまいましたが、この老境に入り、なにかにつけて故郷を思うことが多くなりました。「うさぎ追いし　かのやま……」。私の原風景は文字どおり「阿野山」であり、最近のことさえよく忘れるというのに、遠い記憶のなかにその姿は鮮明で、目を閉じて思い起こすだけで心洗われるのです。

いまが
幸せと
思わないと
一生
幸せに
なれないよ

Count your blessing each day;
Or you will never realize your happiness.

『生きるとはなぁ』（里文出版）より

【著者プロフィール】

荒 了寛（あら・りょうかん）

天台宗ハワイ開教総長。大僧正。

1928年、福島県生まれ。10歳で仏門に入る。大正大学大学院博士課程で天台学専攻。仙岳院法嗣、清浄光院（仙台）、大福寺（福島）住職など歴任。1973年、今東光師らの推選により初代天台宗ハワイ開教総長としてハワイに渡り、ハワイおよびアメリカ本土で布教活動に従事。海外には檀家・信徒の少ない天台宗のハワイ開教は困難を極めたが、宗派を超えた活動が重要と考え、現地人向けの仏教・教学の振興に取り組みながら、ワイキキ近くに日本語学校を開校。別院内にも「文化教室」を開いて、書道、日本画、茶道、生け花などを指導。1978年「ハワイ美術院」を創設、本格的に日本文化の紹介と普及に取り組む。

自らも独自の技法で仏画を描き、インド、パキスタン、西域、チベットなどシルクロード沿いに十数回に及ぶ取材旅行を重ね、仏教伝道を兼ねて作品展をニューヨークやボストンなどで開催。最近は、東京、広島、仙台など日本各地で毎年定期的に個展を続けている。その収入は別院経営の重要な役割を担っている。

奉仕団体として結成した「ハワイ一隅会」は、事業の一環として日本人移民の歴史をビデオテープなどに収録。100本を超えるテープはハワイ日系人史を知るための重要な資料となっている。1986年からワイキキの運河で始めた「ホノルル灯籠流し」は、仏教界はもとより、キリスト教の聖職者や知事、市長、アメリカ海軍の司令官も法要に参列、ハワイ最大の宗教行事となった。

2011年、日米の友好、相互理解のために尽力した功績で、宗教家としては異例の外務大臣賞が授与された。現在もハワイの日系社会の重鎮として各種日系団体の役職を務めながら、オーストラリア開教をめざして現地の僧の育成に取り組んでいる。

主な著作に『慈しみと悲しみ』（大法輪閣）、『人生の要領の悪い人へ』（光文社）、『娑婆を読む』（清流出版）、『生きるとはなぁ』『生きよ まず生きよ』（里文出版）、『ハワイ日系米兵—私たちは何と戦ったのか』（平凡社）、『画文集・シルクロードの仏たち』（日貿出版社）、『こだわらない とらわれない』（フォレスト出版）など。京子夫人は比叡山で修行、尼僧の資格を取得、別院の教育事業と住職の出版活動を支えている。

荒了寛公式サイト　http://www.tendaihawaii.org/

本書は2013年1月にフォレスト出版から刊行された
『365日を穏やかに過ごす心の習慣。』を改題・再編集したものです。

死ぬまで穏やかに過ごす
こころの習慣

2017年8月15日　初版発行

著　者　荒　了寛
発行者　太田　宏
発行所　フォレスト出版株式会社
〒162-0824 東京都新宿区揚場町2-18　白宝ビル5F
電話　03-5229-5750（営業）
03-5229-5757（編集）
URL　http://www.forestpub.co.jp

印刷・製本　中央精版印刷株式会社

ISBN978-4-89451-972-5　Printed in Japan